LES BASIQUES INDIENS

LES BASIQUES INDIENS

JODY VASSALLO

PHOTOGRAPHIES DE JAMES LYNDSAY

✳ ✳ ✳

MARABOUT

INTRODUCTION

Pour préparer un repas indien, pas besoin d'avoir de longues heures devant soi : il est révolu le temps où l'on passait la journée entière derrière les fourneaux ! La cuisine indienne moderne repose sur les mêmes principes que la cuisine traditionnelle, mais est plus conciliable avec nos agendas souvent bien remplis. Plutôt que de passer un temps fou à écraser des pâtes et des mélanges d'épices, équipez-vous de quelques appareils qui vous faciliteront la tâche !

N'oubliez surtout pas que pour cuisiner « indien », la fraîcheur des épices – composante essentielle d'un plat indien – est capitale. Prenez la peine de les moudre vous-même et vous verrez que la différence de saveurs sera de taille.

La cuisine indienne est une cuisine merveilleuse ; pour l'apprécier pleinement, préparez deux ou trois plats et servez-les avec du riz, un chutney et des chapatis. Et ne vous inquiétez pas si vous avez des restes, c'est encore meilleur le lendemain !

Vous trouverez dans ce livre des tableaux et des recettes ayurvédiques – l'Ayurvéda est une médecine indienne traditionnelle née il y a 5000 ans. Selon l'Ayurvéda, chacun de nous possède une constitution corporelle appelée dosha. Pour que ce dosha reste équilibré, il faut privilégier certains aliments et en éviter d'autres. L'Ayurvéda se sert des aliments comme d'un remède pour préserver l'équilibre du corps. Installez-vous avec un papier, un crayon et une tasse de masala chai, et réfléchissez à ce que vous allez concocter ce soir pour le dîner. Namasté.

 Les recettes marquées de ce symbole sont compatibles avec un régime ayurvédique.

SOMMAIRE

LES BASES

1

ÉPICES

❧ VOICI UNE SÉLECTION D'ÉPICES TYPIQUES DANS LA CUISINE INDIENNE ❧

1. Graines d'ajowan **2.** Amchoor
3. Asafoetida **4.** Graines de nigelle
5. Kala namak **6.** Feuille de laurier
7. Cardamome, verte
8. Cardamome, moulue

9. Chaat masala **10.** Cardamome,
brune **11.** Bâtons de cannelle
12. Poudre de piment **13.** Graines de cumin
14. Clous de girofle, moulus
15. Clous de girofle **16.** Cannelle, moulue

(Pour plus d'informations sur les propriétés, les qualités et les équivalences de chaque épice, voir Glossaire en fin d'ouvrage.)

01

ÉPICES

❧ VOICI UNE SÉLECTION D'ÉPICES TYPIQUES DANS LA CUISINE INDIENNE ❧

17. Cumin, moulu **18.** Feuilles de curry
19. Graines de coriandre **20.** Coriandre,
moulue **21.** Feuilles de fenugrec
22. Graines de fenouil **23.** Garam masala
24. Graines de fenugrec

25. Gingembre, moulu **26.** Graines de moutarde jaunes **27.** Graines de moutarde noires
28. Paprika **29.** Grains de poivre noir
30. Tandoori masala **31.** Curcuma
32. Filaments de safran

(Pour plus d'informations sur les propriétés,
les qualités et les équivalences de chaque
épice, voir Glossaire en fin d'ouvrage.)

1 2
3 4

DHAL

⇢ IL EXISTE DE NOMBREUSES VARIÉTÉS DE DHALS DANS LA CUISINE INDIENNE ⇠

Les dhals sont souvent meilleurs quand on les laisse tremper plusieurs heures avant de les cuire. Ce n'est cependant pas nécessaire pour les haricots mungo décortiqués, l'urad dhal et les lentilles corail, qui se prêtent bien à la préparation d'un dhal rapide et crémeux. Faites cuire le dhal dans une grande casserole avec beaucoup d'eau en veillant à ce qu'il ne déborde pas.

On peut le parfumer en ajoutant une pincée de curcuma et une pincée de sel ; le sel facilite la digestion des légumineuses. Les temps de cuisson peuvent légèrement varier par rapport à ceux indiqués dans les recettes. Ils seront déterminés par la fraîcheur du dhal que vous achetez – plus le dhal est vieux, plus il prendra du temps à cuire.

DHAL

❖ IL EXISTE DE NOMBREUSES VARIÉTÉS DE DHALS DANS LA CUISINE INDIENNE ❖

1. Haricots mungo, haricots mungo décortiqués (mung dhal)
2. Urad dhal, urad dhal décortiqué (lentilles noires)
3. Chana dhal
4. Masoor dhal (lentilles corail)

5. Pois chiches
6. Toor dhal (pois pigeon)
7. Rajma (haricots rouges)
8. Kala chana (petits pois chiches bruns, décortiqués)

GHEE

250 g de beurre bio

REMARQUE
Le ghee peut être chauffé à très haute température sans brûler, contrairement au beurre.

Il est très employé dans la cuisine indienne et ayurvédique.

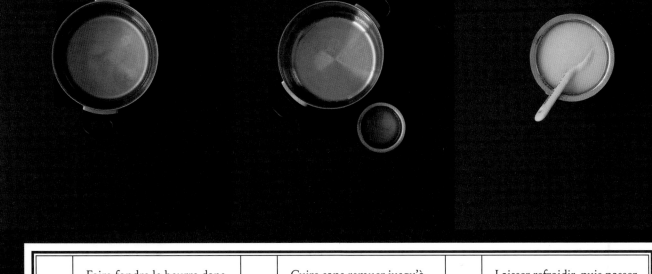

| 1 | Faire fondre le beurre dans une petite casserole. | 2 | Cuire sans remuer jusqu'à ce que le dépôt blanchâtre remonte à la surface. | 3 | Laisser refroidir, puis passer au tamis dans une mousseline pour enlever le dépôt. |
| 4 | On obtient alors un liquide transparent. | 5 | Transvaser le ghee dans un récipient hermétique. | 6 | Conserver à température ambiante. Le ghee va épaissir au fur et à mesure. |

PANEER

➤ POUR 400 G • PRÉPARATION : 15 MINUTES + REPOS • CUISSON : 10 MINUTES ➤

2 litres de lait non homogénéisé ou,
à défaut, du lait entier
2 ou 3 cuillerées à soupe de jus de citron

REMARQUE
Le paneer est une sorte de fromage frais à
base de lait de vache. Sa texture est tendre,
mais peut devenir assez ferme quand on le
laisse reposer avec un poids dessus.

Il possède un léger goût de lait et se
conserve dans un récipient hermétique au
réfrigérateur pendant 3-4 jours.

1 2
3 4

1	Mettre le lait dans une casserole à fond épais et porter à ébullition. Ajouter le jus de citron et remuer lentement jusqu'à ce que lait caille.	2	Tapisser une passoire d'une mousseline et y verser le lait caillé. Fermer la mousseline et la mettre dans un récipient.
3	Poser une boîte de conserve dessus et laisser reposer 30 minutes pour raffermir le paneer. (Plus il reste longtemps, plus il sera ferme.)	4	Retirer la mousseline et conserver le paneer au réfrigérateur dans un récipient hermétique jusqu'à ce qu'il soit prêt à l'emploi.

GARAM MASALA

➤ POUR 60 G • PRÉPARATION : 5 MINUTES • CUISSON : 5 MINUTES ➤

2 bâtons de cannelle
2 cuillerées à café de clous de girofle
2 cuillerées à café de grains de poivre noir
2 cuillerées à café de graines de fenouil

2 cuillerées à café de capsules
de cardamome verte
2 cuillerées à café de graines
de coriandre

2 feuilles de laurier

1 2
3 4

1	Faire griller toutes les épices dans une poêle jusqu'à ce qu'elles embaument.	2	Mettre les épices grillées dans un moulin à épices, un robot de cuisine ou un mortier.
3	Piler jusqu'à l'obtention d'une poudre fine, puis passer au tamis pour enlever les morceaux.	4	Conserver le garam masala dans un pot hermétique.

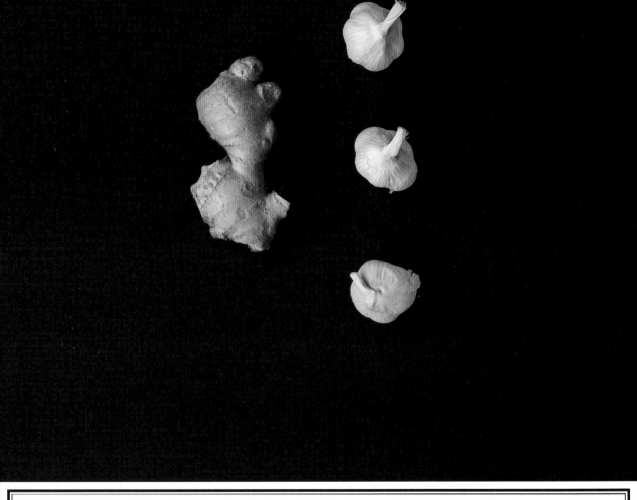

PÂTE DE GINGEMBRE ET D'AIL

✤ POUR 200 G • PRÉPARATION : 20 MINUTES • CUISSON : AUCUNE ✤

150 g de gingembre frais
100 g de gousses d'ail

REMARQUE :
Cette pâte se conserve au frais une journée.
Congeler le reste et laisser décongeler dans
un peu d'eau chaude.

Pour un usage plus occasionnel, diviser les
quantités par deux.

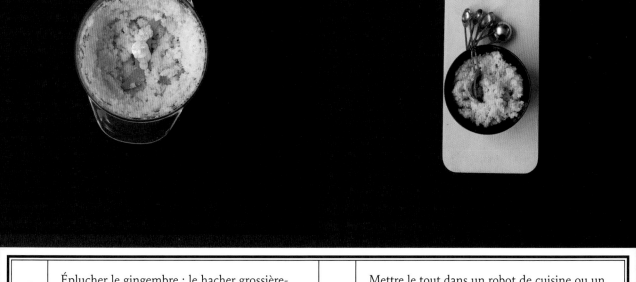

1	Éplucher le gingembre ; le hacher grossièrement puis éplucher les gousses d'ail.	2	Mettre le tout dans un robot de cuisine ou un moulin à épices.
3	Mixer ou piler jusqu'à la formation d'une pâte homogène.	4	Transvaser la pâte dans un récipient hermétique et l'utiliser comme indiqué.

FAIRE CUIRE DU RIZ

❖ POUR 400 G • PRÉPARATION : 10 MINUTES • CUISSON : 20 MINUTES ❖

Ayurvedique

200 g de riz basmati
1 cuillerée à soupe de ghee
Sel

1 2
3 4

1	Bien rincer le riz à l'eau froide pour le débarrasser de ses impuretés.	2	Mettre le riz égoutté dans une grande asserole, recouvrir d'eau, ajouter le ghee et le sel puis porter à ébullition.
3	Faire cuire sans couvrir jusqu'à la formation de trous, environ 3-5 minutes. Baisser à feu doux, couvrir et cuire encore 10 minutes.	4	Retirer le riz du feu et laisser reposer pendant 5 minutes avant de servir.

FAIRE CUIRE DES PAPADUMS

❖ POUR 4 PERSONNES • PRÉPARATION : AUCUNE • CUISSON : 5 MINUTES ❖

Huile de tournesol, pour la friture
1 paquet de papadums non cuits

REMARQUE :
On peut aussi les faire cuire à la poêle dans
un fond d'huile ou au micro-ondes, en
suivant les instructions sur l'emballage.

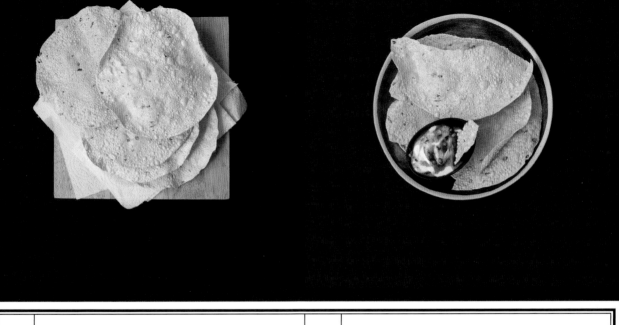

1	Faire chauffer l'huile pour la friture dans une casserole profonde à 180 °C ; un cube de pain doit y brunir en 30 secondes.	2	Faire frire un papadum jusqu'à ce qu'il gonfle. Le retourner avec précaution avec des pinces une fois qu'il commence à gondoler.
3	Sortir le papadum de la casserole et le laisser égoutter sur du papier absorbant. Répéter l'opération avec le reste des papadums.	4	Servir en entrée d'un repas indien ou en accompagnement d'un curry.

SOUPES & SNACKS

2

SAMBAR À LA BUTTERNUT

Ayurvédique

➤ **POUR 4 PERSONNES • PRÉPARATION : 30 MINUTES • CUISSON : 40 MINUTES**

185 g de haricots mungo, décortiqués
200 g de courge butternut, épluchée
et émincée
2 tomates, coupées en fins quartiers
1 cuillerée à soupe d'huile de tournesol

2 petits oignons rouges, finement hachés
1 cuillerée à café de graines de moutarde
noire
2 gousses d'ail, hachées
1 cuillerée à soupe de gingembre frais, râpé

1 cuillerée à soupe de poudre de sambar
250 ml d'eau de tamarin
1 cuillerée à soupe d'asafoetida
Sel
2 cuillerées à soupe de coriandre hachée

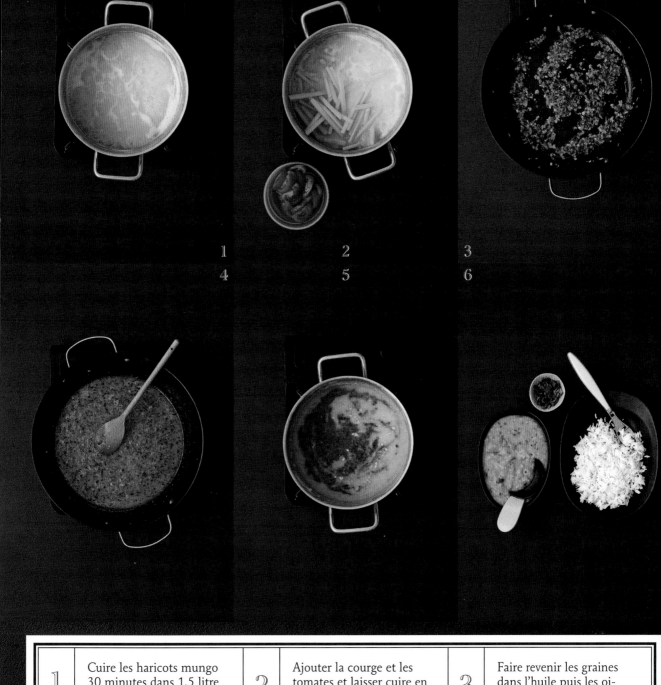

1	Cuire les haricots mungo 30 minutes dans 1,5 litre d'eau pour les attendrir.	2	Ajouter la courge et les tomates et laisser cuire en ajoutant de l'eau, si besoin.	3	Faire revenir les graines dans l'huile puis les oignons, l'ail et le gingembre.
4	Ajouter la poudre et cuire 1 minute. Incorporer l'eau de tamarin et faire bouillir.	5	Ajouter le mélange dans le dhal avec l'asafoetida. Saler et réchauffer.	6	Incorporer la coriandre et servir avec du riz.

SOUPE CAROTTE & COCO

Ayurvédique

❖ POUR 4 PERSONNES • PRÉPARATION : 30 MINUTES • CUISSON : 50 MINUTES ❖

3 cuillerées à soupe de ghee
1 oignon rouge, émincé
2 cuillerées à soupe de pâte de gingembre et d'ail (voir recette 06)
750 g de carottes

1 litre de bouillon de légumes
250 ml de lait de coco
100 g de paneer, râpé (voir recette 04)
2 cuillerées à soupe de menthe hachée

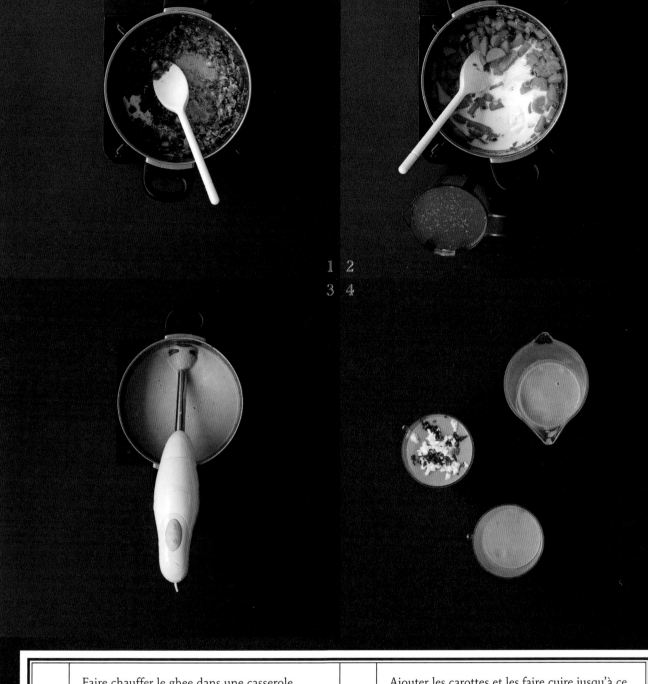

1	Faire chauffer le ghee dans une casserole et y faire revenir l'oignon et la pâte de gingembre jusqu'à ce que l'oignon brunisse.	2	Ajouter les carottes et les faire cuire jusqu'à ce qu'elles soient tendres. Verser le bouillon de légumes et le lait de coco puis remuer.
3	Retirer la casserole du feu et mixer le mélange avec un mixeur plongeant jusqu'à l'obtention d'une consistance homogène.	4	Répartir la soupe dans des bols de service, parsemer de paneer râpé et de menthe hachée puis servir.

CHOW CHOW BATH

❖ POUR 4 PERSONNES • PRÉPARATION : 15 MINUTES • CUISSON : 20 MINUTES ❖

2 cuillerées à soupe de ghee
150 g de semoule moyenne
½ cuillerée à café de cannelle moulue
½ cuillerée à café de cardamome moulue
½ cuillerée à café de clous de girofle moulus

500 ml de lait entier
45 g de jaggery ou de vergeoise
1 cuillerée à café de graines de moutarde
6 feuilles de curry
1 tomate, hachée

2 cuillerées à soupe de haricots mungo décortiqués
50 g de noix de cajou

1 2
3 4

1	Chauffer la moitié du ghee, ajouter la moitié de la semoule et les épices moulues et faire cuire jusqu'à ce que la semoule brunisse.	2	Ajouter la moitié du lait et la moitié du sucre et faire cuire, en remuant sans cesse, jusqu'à l'obtention d'une consistance homogène.
3	Continuer à remuer jusqu'à ce que la semoule soit à ébullition, épaississe et se détache des parois de la casserole.	4	Ajouter le reste de sucre et remuer jusqu'à ce qu'il soit dissous, puis mettre le mélange dans des moules en tassant. ➤

5 6
7 8

5	Dans la casserole nettoyée, faire revenir les graines et les feuilles de curry dans le reste de ghee jusqu'à ce que les graines éclatent.	6	Ajouter le reste de semoule et le dhal et faire griller à feu moyen.
7	Ajouter le reste de lait et remuer jusqu'à ce que la semoule soit à ébullition, épaississe et se détache des parois de la casserole.	8	Incorporer la tomate et les noix de cajou, puis mettre la préparation dans les moules en tassant.

9	Démouler et servir les gâteaux de semoule côte à côte sur des assiettes de service. Recouvrir les gâteaux sucrés de ghee, de cannelle et de cardamome en supplément.	**VARIANTE** ❋ En Inde du Sud, ce plat est traditionnellement servi au petit déjeuner. Les gâteaux de semoule sucrés peuvent être préparés avec des fruits frais et du jus de fruits à la place du lait.

SAMOSAS LÉGUMES & PANEER

❖ POUR 12 SAMOSAS • PRÉPARATION : 30 MINUTES + REPOS • CUISSON : 1 HEURE ❖

PÂTE :
125 g de farine
2 cuillerées à café de semoule fine
1 pincée de sel
1 cuillerée à soupe d'huile de tournesol,
plus pour la friture

FARCE :
2 cuillerées à soupe d'huile de tournesol
50 g de petits pois
½ cuillerée à café de curcuma
1 cuillerée à café de graines de cumin
1 cuillerée à café de coriandre moulue

1 cuillerée à café de garam masala
½ cuillerée à café d'amchoor, ¼ de cuillerée
à café de poudre de piment (facultatif)
2 pommes de terre, épluchées, hachées
et cuites à la vapeur
100 g de paneer, râpé (voir recette 04)

1	Mettre la farine, la semoule et le sel dans un récipient et creuser un puits au centre.	2	Ajouter l'huile et environ 60 ml d'eau tiède, mélanger avec les mains jusqu'à la formation d'une pâte.	
3	Pétrir la pâte jusqu'à ce qu'elle soit homogène, couvrir et laisser reposer 20 minutes. Façonner 6 boules avec la pâte.	4	Pour la farce, faire cuire les petits pois avec le curcuma et le cumin dans l'huile chaude jusqu'à ce qu'ils soient tendres.	➢

| 5 | Ajouter le reste des épices et les pommes de terre et faire cuire jusqu'à ce que le mélange soit chaud. Incorporer le paneer. | 6 | Abaisser une boule de pâte en un cercle de 15 cm. Le couper en deux et badigeonner les bords d'eau. Replier pour former 2 cornets. |
| 7 | Les remplir du mélange aux pommes de terre et replier le haut pour les fermer. Répéter l'opération avec le reste de pâte et de farce. | 8 | Faire chauffer l'huile pour la friture et y faire frire les samosas en plusieurs fois jusqu'à ce qu'ils soient croustillants et dorés. |

| | Égoutter les samosas sur du papier absorbant puis les servir avec du chutney de tamarin (voir recette 68). | **VARIANTE**
❊

Préparer ces samosas en avance, et les congeler ou les placer dans un récipient hermétique au réfrigérateur. Laisser décongeler ou sortir à température ambiante avant de les faire frire. Par manque de temps, utiliser de la pâte brisée du commerce pour les samosas. |

CHAPATI AUX ŒUFS

❧ POUR 1 PERSONNE • PRÉPARATION : 5 MINUTES • CUISSON : 10 MINUTES ❧

2 cuillerées à café d'huile de tournesol
1 cuillerée à soupe d'oignon rouge finement haché
2 œufs

1 cuillerée à soupe de coriandre hachée (facultatif)
1 chapati (du commerce, ou voir recette 59)
Chutney de tomates (voir recette 69)

1	Chauffer l'huile dans une poêle antiadhésive et y faire revenir l'oignon 5 minutes.	2	Faire cuire les œufs jusqu'à ce qu'ils commencent à prendre.	3	Percer les jaunes avec une fourchette et parsemer de coriandre.
4	Placer le chapati sur les œufs en appuyant pour le faire coller.	5	Faire cuire pendant 3 minutes, puis le retourner et faire chauffer le dessus.	6	Plier le chapati et le servir avec du chutney de tomate (voir recette 69).

POHA

❧ POUR 4 PERSONNES • PRÉPARATION : 15 MINUTES • CUISSON : 15 MINUTES ❧

Ayurvédique

135 g de flocons de riz (poha)
1 cuillerée à café de graines de cumin
1 cuillerée à café de graines de moutarde noire
2 cuillerées à soupe de ghee

1 cuillerée à café de curcuma
1 cuillerée à soupe de graines de sésame
1 pomme de terre, épluchée et hachée en petits dés
Kala namak

SERVICE :
2 cuillerées à soupe de coriandre, hachée
2 cuillerées à soupe d'amandes, hachées
Garam masala
1 citron, coupé en quartiers

1 2
3 4

1	Rincer les flocons de riz à l'eau froide jusqu'à ce que l'eau soit claire, puis les mettre dans un récipient et y passer une fourchette.	2	Faire revenir le cumin et la moutarde dans le ghee. Ajouter le reste des ingrédients sauf le sel et 1 cuillerée d'eau ; cuire à couvert.
3	Ajouter les flocons de riz et faire cuire 5 minutes en remuant doucement jusqu'à ce qu'ils soient tendres. Saupoudrer de kala namak.	4	Servir des bols de poha parsemé de coriandre, d'amandes et de garam masala. Presser le citron dessus juste avant de servir.

TIKKIS AUX POMMES DE TERRE

❧ POUR 12 PERSONNES • PRÉPARATION : 30 MINUTES • CUISSON : 40 MINUTES ❧

500 g de pommes de terre, non épluchées
2 cuillerées à café de pâte de gingembre
et d'ail (voir recette 06)
100 g de grains de maïs
½ cuillerée à café de garam masala

1 cuillerée à soupe d'huile de tournesol,
plus pour la cuisson des galettes
1 cuillerée à soupe de coriandre hachée,
plus des feuilles pour le service
2 cuillerées à soupe de fécule de maïs

SERVICE :

Yaourt nature
Graines de grenade
Chutney de tamarin (recette 68)

1 2 3
4 5 6

1	Faire cuire les pommes de terre, les laisser refroidir légèrement puis les écraser.	2	Faire revenir dans l'huile chaude : pâte, maïs, garam masala, coriandre.	3	Avec des mains huilées, former des galettes de purée.
4	Farcir une moitié et recouvrir du reste des galettes. Bien appuyer sur les bords.	5	Enrober de fécule de maïs puis faire cuire dans un fond d'huile.	6	Servir avec : coriandre, yaourt, graines de grenade, chutney de tamarin.

CHAUSSONS POIS & CORIANDRE

❧ POUR 32 CHAUSSONS • PRÉPARATION : 30 MINUTES • CUISSON : 30 MINUTES ❧

155 g de petits pois
2 cuillerées à soupe de ghee
1 cuillerée à café de graines de cumin
2 cuillerées à café de pâte de gingembre et ail (voir recette 06)

Sel de mer
1 pincée de poivre noir concassé
2 cuillerées à soupe de coriandre hachée
3 rouleaux de pâte feuilletée
1 cuillerée à soupe de lait

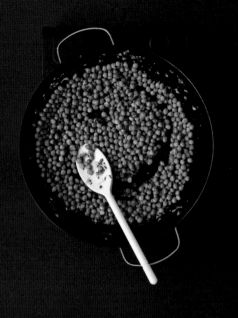

1 2
3 4

1	Préchauffer le four à 220 °C. Faire cuire les petits pois dans le ghee chaud avec le cumin, la pâte de gingembre, du sel et le poivre.	2	Retirer du feu et incorporer la coriandre.	
3	Dérouler les pâtes et y découper des cercles de 7 cm avec un emporte-pièce.	4	Disposer 1 cuillerée à café de garniture au centre des cercles et badigeonner les bords d'eau.	➢

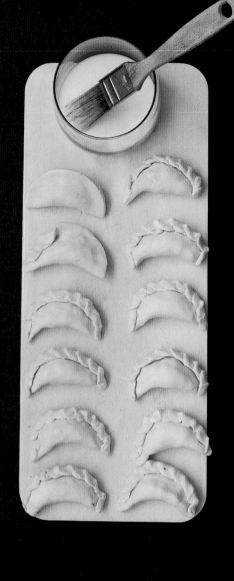

| 5 | Replier pour recouvrir la garniture en appuyant pour faire tenir puis badigeonner de lait. | **ASTUCE**
❋

Ces chaussons peuvent être servis en amuse-gueules avec des samosas aux légumes et au paneer (voir recette 12) et, en guise de dip, du yaourt recouvert de chutney de tamarin (voir recette 68). |

6	Placer les chaussons sur une plaque de four et les enfourner pour 15-20 minutes, ou jusqu'à ce qu'ils soient croustillants et dorés. Servir avec du chutney de tamarin (voir recette 68) et du yaourt, selon les goûts.

REMARQUE

Ces chaussons peuvent être cuits à l'avance puis congelés. Les laisser décongeler puis les réchauffer dans un four préchauffé à 180 °C avant de les servir.

OMELETTE AU PANEER

➤ POUR 1 PERSONNE • PRÉPARATION : 10 MINUTES • CUISSON : 10 MINUTES ❧

1 cuillerée à soupe de ghee
1 petit oignon, finement haché
½ cuillerée à café de graines de cumin
1 petite tomate mûre, hachée

2 œufs, légèrement battus
30 g de paneer, râpé (voir recette 04)
1 cuillerée à soupe de coriandre, hachée

1	Faire chauffer le ghee dans une poêle antiadhésive et y faire dorer l'oignon et les graines de cumin pendant 5 minutes.	2	Ajouter la tomate et faire cuire jusqu'à ce qu'il n'y ait plus d'eau dans la poêle.
3	Verser les œufs dans la poêle. Quand ils commencent à prendre, soulever le bord et laisser couler l'œuf encore liquide en dessous.	4	Parsemer de paneer râpé et de coriandre puis laisser prendre la préparation avant de servir.

DHALS & LÉGUMES

3

DHAL AUX ÉPINARDS

❖ POUR 4 PERSONNES • PRÉPARATION : 15 MINUTES • CUISSON : 40 MINUTES ❖

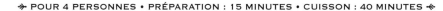

120 g de haricots mungo décortiqués
100 g de lentilles corail décortiquées
1 cuillerée à café de curcuma
½ cuillerée à café de sel de mer

1 cuillerée à soupe de ghee
1 petit oignon rouge, finement haché
1 tomate mûre, hachée
1 gousse d'ail, coupée en tranches

1 piment vert, coupé en anneaux (facultatif)
1 cuillerée à café de graines de cumin
100 g d'épinards, hachés

1 2
3 4

1	Laver les haricots et les lentilles à l'eau froide, trois fois ou jusqu'à ce que l'eau soit claire.	2	Les mettre dans une casserole avec 1 litre d'eau. Porter à ébullition, ajouter le curcuma et le sel et faire cuire pendant 20 minutes.
3	Faire chauffer le ghee dans une poêle, ajouter l'oignon et le faire dorer pendant 5 minutes.	4	Ajouter la tomate, l'ail, le piment et les graines de cumin puis faire cuire en remuant. ➤

5	Ajouter les épinards dans le dhal et faire cuire pendant 5 minutes, ou jusqu'à ce qu'ils soient tendres.	**ASTUCE** ❀ Faire cuire le dhal jusqu'à ce qu'il soit tendre et crémeux. À défaut de haricots mungo décortiqués, utiliser à la place des lentilles corail ou de l'urad dhal décortiqué.

6

Incorporer le mélange à l'oignon et à la tomate dans le dhal, puis en mettre un peu dans la poêle et remuer pour enlever les résidus au fond. Remettre dans le dhal. Assaisonner de sel puis servir.

REMARQUE
❋

Le secret d'un bon dhal réside dans l'assaisonnement. Faire cuire le tarka (mélange d'épices) jusqu'à ce que les épices embaument et que l'oignon soit tendre et sucré. Terminer par une généreuse pincée de bon sel.

CHOLE

Ayurvedique

❖ POUR 4 PERSONNES • PRÉPARATION : 20 MINUTES + TREMPAGE LA NUIT • CUISSON : 1 HEURE ❖

220 g de pois chiches secs
1 oignon rouge, finement haché
2 cuillerées à soupe de ghee
1 cuillerée à café de graines de cumin
1 cuillerée à café de garam masala

½ cuillerée à café de poivre noir
1 cuillerée à café de curcuma
1 cuillerée à café de gingembre moulu
300 g de tomates mûres, hachées
75 g de chou finement râpé

375 ml de lait
2 cuillerées à soupe de coriandre, hachée

19

| 1 | Laisser tremper les pois chiches pendant la nuit. Les égoutter puis les faire bouillir pendant 40 minutes dans 1,5 litre d'eau. | 2 | Faire dorer l'oignon 5 minutes dans le ghee chaud. Ajouter les épices et faire revenir 2 minutes jusqu'à ce qu'elles embaument. |
| 3 | Ajouter les pois chiches égouttés, les tomates, le chou et le lait. Faire bouillir, puis baisser le feu et cuire 20 minutes. | 4 | Ajouter la coriandre et servir avec un raïta. |

DHAL AUX LENTILLES NOIRES

➤ POUR 4 PERSONNES • PRÉPARATION : 20 MINUTES + TREMPAGE LA NUIT • CUISSON : 50 MINUTES ➤

140 g d'urad dhal (lentilles noires entières)
1 piment vert, coupé en deux dans la longueur
¼ de cuillerée à café de curcuma
1 capsule de cardamome brune, écrasée

1 bâton de cannelle
300 g de tomates, hachées
125 ml de crème liquide
2 clous de girofle
½ cuillerée à café de gingembre moulu

50 g de ghee
1 cuillerée à café de graines de cumin

1	Mettre les lentilles trempées et égouttées dans une casserole avec 1 litre d'eau.	2	Ajouter : piment, curcuma, cardamome, cannelle. Cuire pour attendrir le piment.	3	Sortir la cardamome et la cannelle et écraser légèrement les lentilles.
4	Ajouter : tomates, crème, clous de girofle, gingembre. Laisser mijoter 20 minutes.	5	Faire chauffer le ghee dans une poêle et y faire brunir les graines de cumin.	6	Ajouter le ghee et le cumin sur le dhlal et servir avec de la salade et du raïta.

RAJMA

Ayurvedique

➤ POUR 4 PERSONNES • PRÉPARATION : 15 MINUTES • CUISSON : 1 HEURE 30 ➤

315 g de rajma (haricots rouges)
500 g de tomates, hachées
1 c. à soupe de gingembre frais, haché
2 gousses d'ail
1 oignon rouge, haché

1 piment vert, coupé en deux dans la longueur
1 cuillerée à café de graines de cumin
1 pincée d'asafoetida
1 cuillerée à soupe d'huile de tournesol

½ cuillerée à café de curcuma
1 cuillerée à café de garam masala
½ cuillerée à café de poudre de piment
Sel de mer
2 cuillerées à soupe de coriandre hachée

1	Laisser tremper les rajma pendant la nuit puis les égoutter. Les faire bouillir 40 minutes dans 1 litre d'eau ; égoutter.	2	Mixer les tomates, le gingembre, l'ail, le piment et l'oignon jusqu'à l'obtention d'une consistance homogène.
3	Faire revenir les graines dans l'huile chaude avec l'asafoetida jusqu'à ce qu'elles éclatent. Ajouter les tomates mixées et faire épaissir.	4	Ajouter le reste des épices, le rajma et 750 ml d'eau, et porter à ébullition, puis laisser mijoter 30 minutes.

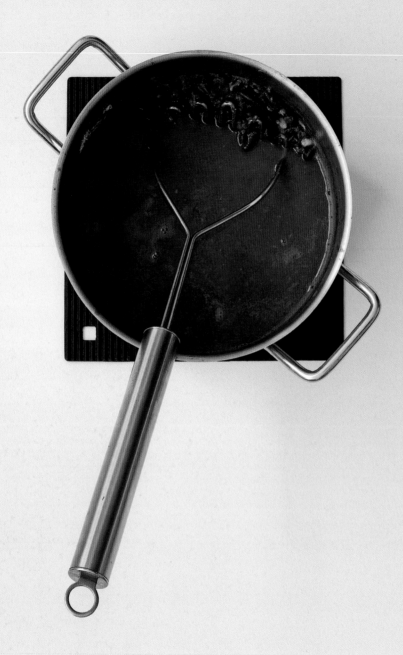

| 5 | Écraser grossièrement les haricots avec le dos d'une cuillère. | **ASTUCE** ❈

 Faire cuire les haricots jusqu'à ce qu'ils soient tendres, dans une grande quantité d'eau à ébullition constante. La durée de cuisson varie en fonction de la fraîcheur des haricots. |

| 6 | Parsemer de coriandre et servir avec du riz. | **VARIANTE**
❀

Par manque de temps, on peut utiliser des haricots rouges kidneys en conserve et supprimer l'étape 1. Bien les égoutter avant emploi et les ajouter à l'étape 4. |

DHAL AUX 5 COULEURS

❖ POUR 4 PERSONNES • PRÉPARATION : 20 MINUTES + TREMPAGE • CUISSON : 1 HEURE ❖

100 g de chana dhal
120 g de haricots mungo décortiqués
100 g de lentilles corail décortiquées
100 g d'urad dhal décortiqué
120 g de toor dhal
½ cuillerée à café de curcuma

½ cuillerée à café de sel
1 pincée de garam masala
Feuilles de fenugrec

TARKA :
3 gousses d'ail, hachées

1 oignon rouge, haché
2 cuillerées à soupe de ghee
1 cuillerée à café de graines de cumin
2 gros piments rouges séchés
2 tomates mûres, hachées

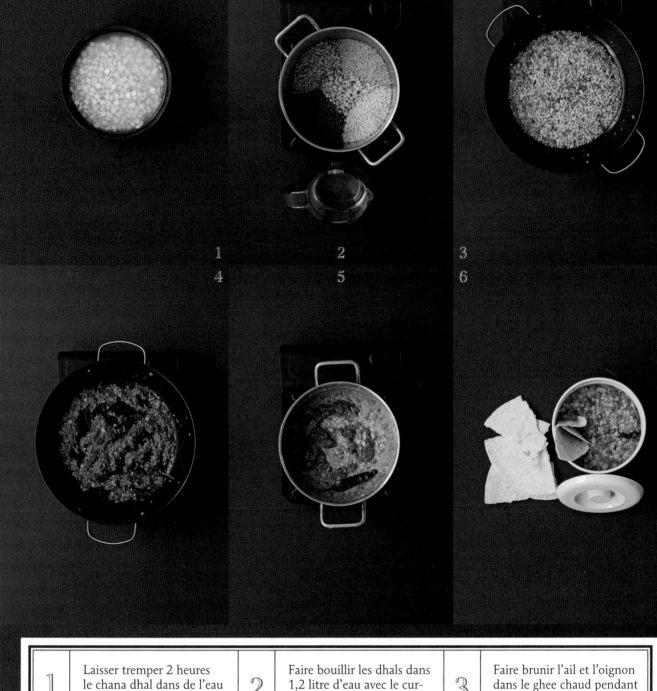

1	Laisser tremper 2 heures le chana dhal dans de l'eau froide, rincer et égoutter.	2	Faire bouillir les dhals dans 1,2 litre d'eau avec le curcuma et le sel.	3	Faire brunir l'ail et l'oignon dans le ghee chaud pendant 5 minutes.
4	Ajouter le cumin, le piment puis les tomates et faire revenir.	5	Ajouter le tarka dans le dhal et bien mélanger.	6	Ajouter le garam masala et le fenugrec puis couvrir 5 minutes avant de servir.

THOREN À LA BUTTERNUT

❖ POUR 4 PERSONNES • PRÉPARATION : 30 MINUTES + TREMPAGE • CUISSON : 30 MINUTES ❖

100 g de chana dhal
1 oignon rouge, finement haché
2 cuillerées à soupe de pâte de gingembre et d'ail (voir recette 06)
1 cuillerée à café de graines de moutarde noire

1-2 cuillerées à soupe d'huile de tournesol
1 cuillerée à café de graines de fenugrec
1 cuillerée à café de graines de cumin
1 cuillerée à soupe de feuilles de curry
1 piment vert, coupé en deux
1 cuillerée à café de curcuma

½ cuillerée à café de sel de mer, plus pour assaisonner
500 g de courge butternut, détaillée en allumettes
250 ml de lait de coco
1 cuillerée à soupe d'eau de tamarin

1	Laisser tremper le chana dhal 2 heures dans de l'eau froide puis rincer et égoutter. Le faire bouillir dans de l'eau pendant 40 minutes.	2	Faire brunir l'oignon avec la pâte dans l'huile chaude. Ajouter les épices et faire revenir jusqu'à ce que les graines éclatent.
3	Ajouter le sel, le curcuma, la courge, le lait de coco, l'eau de tamarin et 250 ml d'eau.	4	Incorporer le chana dhal cuit et assaisonner de sel. Servir avec du riz et du raïta à la banane (voir recette 73).

PANEER BUTTER MASALA

Ayurvédique

❋ POUR 4 PERSONNES • PRÉPARATION : 20 MINUTES • CUISSON : 40 MINUTES ❋

4 oignons rouges, hachés
1 piment vert
1 cuillerée à soupe de gingembre frais râpé
4 tomates
3 cuillerées à soupe de ghee
½ cuillerée à café de curcuma

¼ de cuillerée à café de piment rouge
½ cuillerée à café de garam masala, plus pour le service
250 ml de crème liquide
2 cuillerées à soupe d'amandes ou de noix de cajou moulues

400 g de paneer, détaillé en dés (voir recette 04)
Feuilles de coriandre, pour le service
Sel de mer

1 2
3 4

1	Mixer les oignons, le piment et le gingembre jusqu'à homogénéité. Ajouter un peu d'eau si nécessaire. Réserver.	2	Mixer les tomates dans le mixeur nettoyé jusqu'à l'obtention d'une consistance homogène. Réserver.	
3	Faire chauffer le ghee dans une poêle et y faire revenir les épices et la pâte d'oignon.	4	Ajouter les tomates mixées, la crème puis les amandes moulues et poursuivre la cuisson 5 minutes.	➤

| 5 | Ajouter le paneer, couvrir et faire cuire 5 minutes. | **REMARQUE** ❋

Ne pas trop remuer la sauce après avoir ajouté le paneer, sinon il commencera à tomber en morceaux. Pour le chauffer, le recouvrir délicatement de sauce. |

6 Retirer du feu, saupoudrer de garam masala et parsemer de coriandre, assaisonner de sel, couvrir et laisser reposer 5 minutes avant de servir avec du poori (voir recette 60) et du chutney ou du raïta – par exemple du raïta à la banane (voir recette 73).	**ASTUCE** ✳ Il est très important que les oignons soient bien cuits car leur saveur sucrée confère beaucoup de goût à ce plat.

AUBERGINES AIL & GINGEMBRE

❧ POUR 4 PERSONNES • PRÉPARATION : 20 MINUTES • CUISSON : 20 MINUTES ❧

24 aubergines japonaises
12 gousses d'ail, hachées
100 g de gingembre, épluché et haché
2 cuillerées à soupe de coriandre hachée

1 cuillerée à café de sel de mer
1 pincée de poudre de piment (facultatif)
3 cuillerées à soupe d'huile de tournesol

1 2
3 4

1	Faire quatre incisions dans les aubergines, sans aller jusqu'au bout.	2	Moudre l'ail, le gingembre, la coriandre, le sel et la poudre de piment, puis farcir les aubergines du mélange et appuyer.
3	Faire brunir les aubergines farcies dans l'huile chaude, puis poursuivre la cuisson 15 minutes à couvert pour les attendrir.	4	Servir avec du riz ou en amuse-gueules si les aubergines sont petites.

CURRY DE BETTERAVE

➤ POUR 4 PERSONNES • PRÉPARATION : 25 MINUTES • CUISSON : 40 MINUTES ➤

350 g de betteraves
1 cuillerée à café de graines de moutarde noire
1 cuillerée à café de graines de cumin
½ cuillerée à café de curcuma

1 piment vert, émincé
1 cuillerée à soupe de feuilles de curry
2 cuillerées à soupe de pâte de gingembre et d'ail (voir recette 06)
2 cuillerées à soupe d'huile de tournesol

400 ml de lait de coco en poudre
125 ml de yaourt nature
1 cuillerée à soupe d'eau de tamarin
1 pincée de sel de mer
1 pincée de poivre noir

1 2
3 4

1	Éplucher les betteraves et les détailler en allumettes.	2	Faire revenir les graines de moutarde et de cumin, le curcuma, le piment, les feuilles de curry et la pâte dans l'huile chaude.
3	Ajouter le lait de coco en poudre et 125 ml d'eau puis les betteraves et faire cuire à couvert jusqu'à ce que les betteraves soient tendres.	4	Incorporer le yaourt et l'eau de tamarin et réchauffer. Assaisonner et servir avec du riz et de la coriandre.

MASALA DE CHAMPIGNONS

➤ POUR 4 PERSONNES • PRÉPARATION : 15 MINUTES • CUISSON : 15 MINUTES ◆

300 g de tomates hachées
30 petits champignons
1 cuillerée à soupe de pâte de gingembre
et d'ail (voir recette 06)
1 cuillerée à café de garam masala

1 cuillerée à café de graines de fenouil
¼ de cuillerée à café de poudre de piment
(facultatif)
1 cuillerée à café de cumin
2 cuillerées à soupe de ghee

400 ml de lait de coco
125 ml de crème liquide
1 cuillerée à soupe de feuilles de fenugrec
2 cuillerées à soupe de coriandre hachée
Sel de mer

1 2
3 4

1	Mixer les tomates jusqu'à homogénéité. Nettoyer les champignons avec du papier absorbant, les parer et les couper en deux.	2	Faire revenir la pâte de gingembre et d'ail, le garam masala, le fenouil, le piment et le cumin dans le ghee chaud.
3	Ajouter les champignons, le lait de coco et les tomates mixées, puis faire bouillir. Baisser le feu et faire cuire pendant 10 minutes.	4	Retirer du feu, incorporer la crème, le fenugrec et la coriandre, puis assaisonner de sel et servir avec des chapatis (voir recette 59).

ALOO GOBI

Ayurvédique

❧ POUR 4 PERSONNES • PRÉPARATION : 20 MINUTES • CUISSON : 30 MINUTES ❧

2 cuillerées à soupe de ghee
1 cuillerée à café de graines de moutarde noire
1 cuillerée à café de graines de cumin
½ cuillerée à café de curcuma

1 oignon rouge, finement haché
1 cuillerée à soupe de pâte de gingembre et d'ail (voir recette 06)
2 pommes de terre, épluchées et détaillées en dés

500 g de chou-fleur, détaillé en bouquets
Feuilles de coriandre hachée
Quartiers de citron, pour le service

1   2
3   4

1	Faire chauffer le ghee, ajouter les graines de moutarde et de cumin puis faire revenir jusqu'à ce que les graines de moutarde éclatent.	2	Ajouter le curcuma, l'oignon, la pâte de gin-gembre et d'ail. Faire cuire à feu moyen en remuant.
3	Ajouter le chou-fleur, les pommes de terre et 500 ml d'eau, couvrir et faire cuire environ 15 minutes pour attendrir les légumes.	4	Parsemer de coriandre hachée, arroser de jus de citron pressé et servir avec de la salade.

OKRAS FARCIS

❖ POUR 2–6 PERSONNES • PRÉPARATION : 30 MINUTES • CUISSON : 20 MINUTES ❖

24 okras
1 cuillerée à café d'amchoor
¼ de cuillerée à café de poudre de piment
½ cuillerée à café de sel de mer

1 cuillerée à café de coriandre moulue
3 cuillerées à soupe d'huile de tournesol

REMARQUE :
Ajouter quelques gouttes de jus de citron
vert ou de vinaigre pour que les okras
restent croustillants.

1   2   3
4   5   6

1	Parer les extrémités des okras puis faire une fente au centre de chacun.	2	Mélanger l'amchoor, la poudre de piment, le sel et la coriandre moulue.	3	Farcir les okras de ce mélange avec une cuillère en tassant et retirer l'excédent.
4	Cuire les okras dans l'huile chaude en plusieurs fois jusqu'à ce qu'ils brunissent.	5	Retourner les okras deux ou trois fois pendant la cuisson – ils doivent être tendres.	6	Servir en amuse-gueules ou bien comme légumes avec du riz et un curry.

MALAI KOFTA

❖ POUR 4 PERSONNES • PRÉPARATION : 40 MINUTES • CUISSON : 40 MINUTES ❖

500 g de pommes de terre entières
Sel de mer et poivre noir
50 g de raisins secs, hachés
80 g de noix de cajou, hachées
2 cuillerées à soupe de fécule
de maïs

2 cuillerées à soupe de ghee
5 grains de poivre noir
2 clous de girofle
2 capsules de cardamome, écrasées
1 cuillerée à café de graines de
fenouil

1 bâton de cannelle
1 oignon rouge, finement haché
½ cuillerée à café de curcuma
¼ de cuillerée à café de poudre de
piment
2 cuillerées à soupe de pâte de

gingembre et d'ail (voir recette 06)
1 cuillerée à soupe d'amandes
1 cuillerée à soupe de lait de coco
en poudre
200 g de tomates, hachées
250 ml de lait

1	Cuire les pommes de terre à l'eau bouillante ou à la vapeur ; laisser refroidir un peu, éplucher et écraser. Saler et poivrer.	2	Façonner des boulettes avec 1 ou 2 cuillerées à soupe du mélange aux pommes de terre.	
3	Mélanger les raisins secs et les noix de cajou, faire un creux au centre de chaque boulette et y déposer 1 cuillerée à café du mélange.	4	Rouler les boulettes dans la fécule jusqu'à ce qu'elles soient enrobées et enlever l'excédent. Les réserver.	➤

5 6
7 8

5	Faire chauffer le ghee dans une casserole, ajouter les épices entières et faire cuire jusqu'à ce qu'elles brunissent.	6	Ajouter l'oignon, les épices moulues, la pâte puis 60 ml d'eau et faire cuire en remuant jusqu'à ce que l'eau s'évapore.	
7	Ajouter les amandes moulues, le lait de coco, les tomates et le lait puis faire bouillir. Baisser le feu, couvrir et laisser mijoter 10 minutes.	8	Dorer les boulettes dans un fond d'huile de tournesol chaude, en plusieurs fois, jusqu'à ce qu'elles croustillent.	➤

| 9 | Ajouter les boulettes de pommes de terre dans la sauce et les servir tant qu'elles sont encore croustillantes. | **REMARQUE**
❋

Les boulettes peuvent être préparées à l'avance et cuites à la poêle, ou bien ajoutées dans la sauce juste avant d'être servies. S'assurer que les pommes de terre sont sèches pour éviter que les boulettes se défassent en cuisant. |

LÉGUMES À L'INDIENNE

Ayurvédique

❧ POUR 4 PERSONNES • PRÉPARATION : 20 MINUTES • CUISSON : 40 MINUTES ❧

700 g de patates douces, coupées en fins quartiers
1 poivron rouge, coupé en lanières
1 poivron vert, coupé en lanières
1 poivron orange, coupé en lanières
400 g de chou-fleur, détaillé en bouquets

1 oignon rouge, coupé en fins quartiers
200 g de haricots verts, parés
3 cuillerées à soupe d'huile de tournesol
1 cuillerée à soupe de ghee
2 cuillerées à soupe de pâte de gingembre et d'ail (voir recette 06)

1 pincée de sel de mer
1 cuillerée à café de graines de cumin
1 cuillerée à café de curcuma
1 pincée de garam masala
1 cuillerée à soupe de jus de citron

1 2
3 4

1	Préchauffer le four à 200 °C. Préparer les légumes.	2	Mélanger l'huile, le ghee, la pâte de gingembre, le sel, le cumin, le curcuma, le garam masala et le jus de citron dans un récipient.
3	Ajouter tous les légumes, sauf les haricots, et bien mélanger pour les enrober puis les placer dans un grand plat à rôtir.	4	Les faire cuire 35 minutes au four puis ajouter les haricots et poursuivre la cuisson 5-10 minutes, ou jusqu'à ce qu'ils soient tendres.

PALAK PANEER

❖ POUR 4 PERSONNES • PRÉPARATION : 20 MINUTES • CUISSON : 30 MINUTES ❖

1 kg d'épinards, lavés
3 cuillerées à soupe d'huile de tournesol
1 cuillerée à café de graines de cumin
2 cuillerées à soupe de pâte de gingembre et d'ail (voir recette 06)

½ cuillerée à café de graines de fenugrec
2 cuillerées à café de coriandre moulue
250 ml de lait ou de crème liquide
400 g de paneer, détaillé en dés (voir recette 04)

1 cuillerée à soupe de ghee
Sel de mer
1 cuillerée à café de garam masala
Paneer râpé, pour le service

1
4

2
5

3
6

1	Cuire les épinards. Les mixer pour obtenir une consistance homogène.	2	Faire chauffer l'huile et y faire brunir les graines de cumin et de fenugrec.	3	Ajouter la pâte de gingembre et d'ail et faire revenir.
4	Ajouter les épinards, la coriandre, 250 ml d'eau et le lait ; faire épaissir.	5	Ajouter le paneer et le ghee et remuer jusqu'à ce que le ghee fonde. Saler.	6	Ajouter le garam masala, couvrir, laisser reposer. Recouvrir de paneer râpé.

CURRY DE LÉGUMES

➻ POUR 4 PERSONNES • PRÉPARATION : 30 MINUTES + TREMPAGE • CUISSON : 40 MINUTES ➻

100 g de kala chana (pois chiches)
1 cuillerée à café de graines de cumin
½ cuillerée à café de graines de fenouil
½ cuillerée à café de graines de fenugrec
2 cuillerées à soupe de ghee
1 cuillerée à soupe de gingembre frais râpé

1 oignon rouge, haché
1 pincée d'asafoetida
1 petit poivron rouge, haché
300 g de patates douces, hachées
1 courgette, coupée en rondelles
80 g de petits pois

400 g de tomates hachées
1 cuillerée à café de garam masala
½ cuillerée à café de curcuma
2 cuillerées à soupe de yaourt nature
Sel de mer

1	Laisser tremper les pois chiches dans de l'eau froide pendant la nuit. Les égoutter et les faire cuire. Égoutter et réserver.	2	Faire revenir les graines dans le ghee chaud. Ajouter le gingembre, l'oignon et l'asafoetida, et cuire jusqu'à ce que l'oignon dore.
3	Ajouter les légumes, les pois chiches, 60 ml d'eau, le garam masala et le curcuma et faire bouillir. Baisser le feu et cuire 20 minutes.	4	Incorporer le yaourt, assaisonner de sel et servir avec des papadums (voir recette 08).

HARICOTS MUNGO-COCO

➤ POUR 4 PERSONNES • PRÉPARATION : 20 MINUTES + TREMPAGE • CUISSON : 40 MINUTES ◄

100 g de haricots mungo entiers, trempés dans de l'eau pendant la nuit puis égouttés
2 cuillerées à soupe d'huile de tournesol ou de ghee

1 cuillerée à café de graines de cumin
1 cuillerée à soupe de feuilles de curry
1 cuillerée à café de graines de moutarde noire

75 g de noix de coco râpée
1 pincée de poivre noir moulu
Sel de mer

1 2
3 4

1	Faire bouillir les haricots dans une casserole avec 250 ml d'eau jusqu'à ce qu'ils soient tendres. Ne pas laisser cuire trop longtemps.	2	Faire revenir les graines de moutarde dans l'huile chaude. Ajouter le cumin et les feuilles et cuire jusqu'à ce que le mélange embaume.
3	Incorporer la noix de coco et les haricots mungo et faire cuire jusqu'à ce que le mélange dore.	4	Assaisonner de sel et de poivre. Servir avec des quartiers de citron.

KORMA AUX AUBERGINES

✦ POUR 4 PERSONNES • PRÉPARATION : 30 MINUTES + REPOS • CUISSON : 40 MINUTES ✦

500 g d'aubergines, hachées
1 cuillerée à café de sel de mer
1 cuillerée à soupe de vinaigre blanc
1 cuillerée à café de graines de moutarde noire

1 cuillerée à soupe d'huile de tournesol
1 cuillerée à soupe de feuilles de curry
300 g de tomates mûres, hachées
1 cuillerée à café de curcuma
½ cuillerée à café de garam masala

½ cuillerée à café de poivre noir
250 ml de lait de coco
1 cuillerée à soupe de feuilles de fenugrec

1	Saler les aubergines, arroser de vinaigre, mélanger. Égoutter après 30 minutes.	2	Faire revenir les graines de moutarde dans l'huile chaude pendant 2 minutes.	3	Ajouter les feuilles de curry, les tomates puis le curcuma et faire cuire en remuant.
4	Ajouter les aubergines, remuer, et cuire à couvert pour qu'elles soient tendres.	5	Ajouter le garam masala, le poivre, le lait de coco et 125 ml d'eau.	6	Faire bouillir, puis baisser le feu et cuire 20 minutes. Parsemer de fenugrec.

BROCHETTES PANEER & LÉGUMES

❖ POUR 6 PERSONNES • PRÉPARATION : 15 MINUTES • CUISSON : 20 MINUTES ❖

4 naans
200 g de paneer, détaillé en dés (voir recette 04)
2 courgettes, coupées en rondelles épaisses
1 poivron rouge, détaillé en dés

1 poivron vert
1 oignon rouge, coupé en quartiers
12 champignons
2 cuillerées à soupe de ghee, fondu
2 gousses d'ail, hachées

1 cuillerée à café de garam masala
Sel de mer

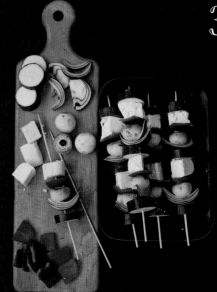

1 2
3 4

1	Allumer un barbecue ou préchauffer le four à 180 °C sur position gril. Mettre les naans enveloppés de papier d'aluminium dans le four.	2	Enfiler le paneer, les courgettes, les poivrons, l'oignon et les champignons sur des brochettes en bambou (voir Remarques).	
3	Mélanger le ghee fondu, l'ail, le garam masala et le sel.	4	Badigeonner les brochettes du mélange au ghee fondu.	➤

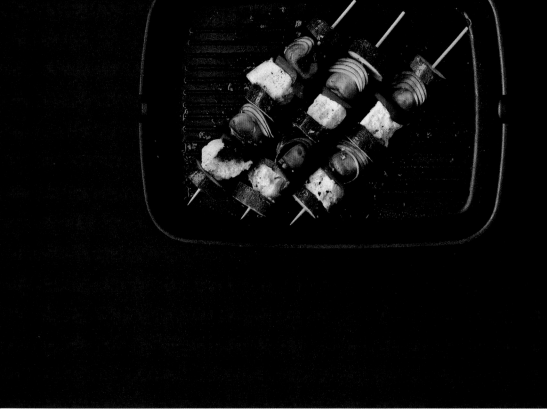

| 5 | Faire cuire les brochettes sur un barbecue légè-rement huilé, dans une poêle gril ou sous le gril du four jusqu'à ce qu'elles soient tendres. | **VARIANTE**
❋

On peut choisir d'autres légumes, ou bien remplacer le paneer par des morceaux de poulet ou de poisson ; adapter alors les temps de cuisson. |

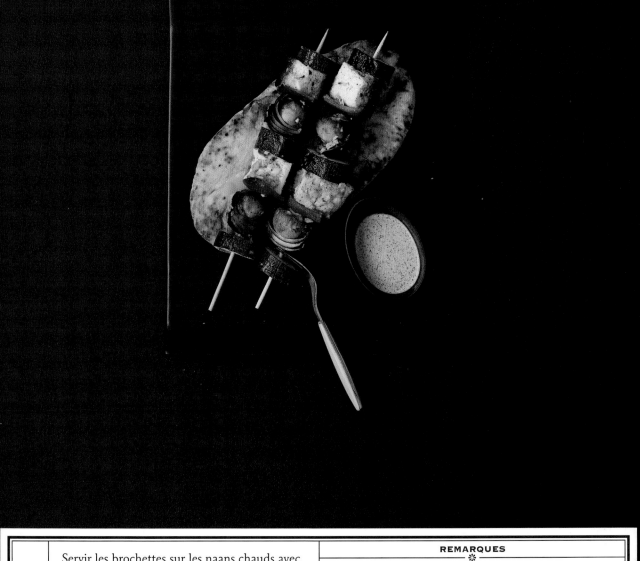

6	Servir les brochettes sur les naans chauds avec du chutney menthe et coriandre (voir recette 71).

(voir recette 71)

REMARQUES
❉

Laisser tremper les brochettes en bambou dans de l'eau froide pendant au moins 30 minutes avant emploi pour éviter qu'elles brûlent pendant la cuisson. On peut également utiliser des brochettes en métal à la place.

ÉPINARDS ET CHOU-FLEUR

❧ POUR 4 PERSONNES • PRÉPARATION : 20 MINUTES • CUISSON : 50 MINUTES ❧

500 g d'épinards
1 cuillerée à soupe de pâte de gingembre
et d'ail (voir recette 06)
1 piment vert, coupé en tranches
1 cuillerée à café de feuilles de fenugrec

2 cuillerées à soupe d'huile de tournesol
1 cuillerée à soupe de ghee
1 cuillerée à café de graines de cumin
1 cuillerée à café de coriandre moulue
½ cuillerée à café de curcuma

Huile de tournesol
500 g de chou-fleur, détaillé en bouquets
1 généreuse pincée de sel de mer

1 2
3 4

1	Faire bouillir les épinards, la pâte de gingembre, le piment, le fenugrec et 250 ml d'eau jusqu'à ce que les épinards soient tendres.	2	Bien égoutter, puis mettre dans un mixeur ou un robot de cuisine et mixer jusqu'à l'obtention d'une consistance homogène.
3	Faire chauffer l'huile et le ghee et y faire revenir le cumin, la coriandre et le curcuma jusqu'à ce que le mélange embaume.	4	Incorporer ce mélange aux épinards. ➤

| 5 | Faire chauffer un fond d'huile dans une grande poêle profonde ou un wok puis faire revenir le chou-fleur, en plusieurs fois, jusqu'à ce qu'il soit doré. Égoutter sur du papier absorbant. | **ASTUCE**
❊
Pour un plat moins épicé, retirer les graines du piment. Toujours porter des gants pour épépiner des piments, nettoyer le couteau et la planche après emploi et se laver les mains. |

		REMARQUE
6	Ajouter le chou-fleur dans le mélange aux épinards et le faire cuire jusqu'à ce qu'il soit chaud. Assaisonner de sel et servir avec des quartiers de citron.	❋
		Ce plat est aussi idéal pour accompagner un dhal, un curry de légumes ou un curry de viande avec du riz ou des chapatis (voir recette 59).

VIANDE, POULET & POISSON

4

GIGOT D'AGNEAU ÉPICÉ

❧ POUR 4 PERSONNES • PRÉPARATION : 15 MINUTES + MARINADE • CUISSON : 1 HOUR ❧

1 gigot d'agneau, d'environ 1,25 kg
4 gousses d'ail
250 ml de yaourt nature
200 g de pâte de gingembre et d'ail (voir
recette 06)

1 cuillerée à café de garam masala
½ cuillerée à café de gingembre moulu
½ cuillerée à café de graines de fenouil
½ cuillerée à café de curcuma
2 cuillerées à soupe d'huile de tournesol

4 pommes de terre, épluchées et coupées
en quartiers
1 cuillerée à soupe de jus de citron
2 cuillerées à soupe de coriandre hachée

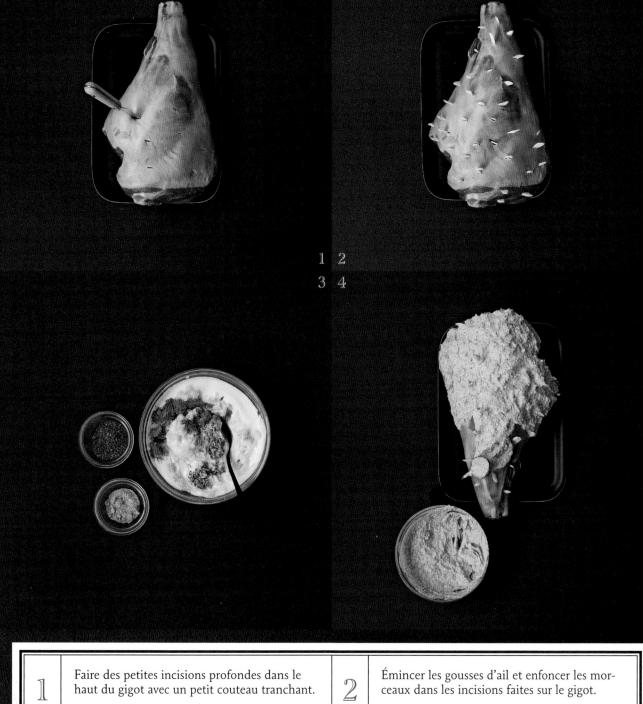

1	Faire des petites incisions profondes dans le haut du gigot avec un petit couteau tranchant.	2	Émincer les gousses d'ail et enfoncer les morceaux dans les incisions faites sur le gigot.	
3	Bien mélanger le yaourt, la pâte de gingembre et d'ail, le garam masala, le gingembre moulu, les graines de fenouil et le curcuma.	4	Étaler ce mélange sur l'agneau, couvrir et laisser mariner au réfrigérateur pendant la nuit.	➤

5 Préchauffer le four à 200 °C. Placer l'agneau sur une grille dans un plat à four, disposer les pommes de terre autour et arroser d'huile. Enfourner pour 45 minutes, ou jusqu'à ce que l'agneau soit cuit à votre convenance.

Sortir l'agneau à température ambiante environ 30 minutes avant de le mettre au four pour qu'il cuise de façon plus uniforme.

6   Arroser les pommes de terre de jus
de citron, parsemer de coriandre et mélanger.
Servir l'agneau coupé en tranches avec les
pommes de terre.

SHAMI KEBAB

➤ POUR 12 PERSONNES • PRÉPARATION : 20 MINUTES + TREMPAGE • CUISSON : 30 MINUTES ➤

2 cuillerées à soupe de chana dhal, trempé
pendant 2 heures dans de l'eau froide puis
égoutté
500 g d'agneau haché
3 grains de poivre noir

2 capsules de cardamome brune, écrasées
2 capsules de cardamome verte, écrasées
1 bâton de cannelle
3 clous de girofle
1 blanc d'œuf

1 cuillerée à soupe de gingembre frais râpé
1 piment vert, haché
2 cuillerées à soupe de coriandre hachée
Huile de tournesol

1	Mettre le dhal, l'agneau hachée et les épices dans une casserole.	2	Cuire à feu moyen en remuant jusqu'à ce que la viande soit tendre et que le mélange soit sec. Égoutter et enlever les épices entières.
3	Mixer la viande et le blanc d'œuf jusqu'à homogénéité. Mélanger avec le gingembre, le piment et la coriandre et façonner en boulettes.	4	Faire chauffer un fond d'huile et y faire brunir les boulettes, en plusieurs fois. Laisser refroidir puis servir avec du chutney.

ROGAN JOSH

❧ POUR 4–6 PERSONNES • PRÉPARATION : 20 MINUTES + MARINADE • CUISSON : 2 HEURES ❧

750 g d'épaule d'agneau, coupée en dés
2 cuillerées à soupe de pâte de gingembre
et d'ail (voir recette 06)
250 g de yaourt nature
1 cuillerée à café de piment kashmiri
2 cuillerées à café de cumin moulu

2 cuillerées à café de coriandre moulue
2 cuillerées à soupe de ghee
1 oignon rouge, haché
2 capsules de cardamome brune, écrasées
2 capsules de cardamome verte
2 feuilles de laurier

6 clous de girofle
1 bâton de cannelle
1 cuillerée à café de graines de fenouil
1 cuillerée à café de sel
½ cuillerée à café de filaments de safran
2 cuillerées à soupe de coriandre hachée

1 2
3 4

1	Mettre l'agneau, la pâte de gingembre et d'ail, le yaourt et les épices moulues dans un récipient, couvrir et laisser mariner 4 heures.	2	Faire chauffer le ghee dans une casserole et y faire cuire l'oignon à feu moyen pendant 10 minutes, ou jusqu'à ce qu'il soit doré.
3	Ajouter l'agneau mariné, les épices et 375 ml d'eau, couvrir et laisser mijoter 1 heure 30, ou jusqu'à ce que la viande soit tendre.	4	Incorporer la coriandre hachée, couvrir et laisser reposer 5 minutes ; servir avec des quartiers de citron vert et de la coriandre.

CÔTELETTES D'AGNEAU-MENTHE

✦ POUR 4 PERSONNES • PRÉPARATION : 15 MINUTES + MARINADE LA NUIT • CUISSON : 15 MINUTES ✦

8 côtelettes d'agneau
1 petit oignon rouge, râpé
1 cuillerée à soupe de gingembre frais
finement râpé
2 gousses d'ail, râpées

5 g de feuilles de menthe, hachées
½ cuillerée à café de curcuma
1 cuillerée à café de cumin moulu
2 cuillerées à café de jaggery râpé
ou de vergeoise

Jus de 1 citron

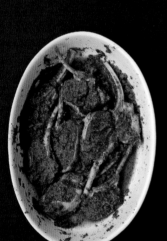

1	Parer les côtelettes d'agneau en enlevant la graisse et les tendons.	2	Mettre tous les ingrédients sauf la viande dans un petit mixeur et mixer jusqu'à l'obtention d'une pâte.
3	Mettre la pâte dans un plat non métallique, ajouter l'agneau et mélanger. Couvrir et placer au réfrigérateur pendant la nuit.	4	Faire cuire l'agneau au barbecue ou sous le gril jusqu'à ce qu'il soit tendre. Servir avec du yaourt nature et des graines de grenade.

AGNEAU KORMA

❧ POUR 4–6 PERSONNES • PRÉPARATION : 20 MINUTES + MARINADE • CUISSON : 1 HEURE ❧

1 kg de gigot d'agneau, coupé en dés
60 ml de yaourt nature
1 cuillerée à soupe de coriandre moulue
1 cuillerée à café de cumin moulu
½ cuillerée à café de cardamome moulue

2 oignons, hachés
1 cuillerée à soupe de gingembre frais, haché
3 gousses d'ail, épluchées
95 g de noix de cajou
3 cuillerées à soupe de ghee

1 bâton de cannelle
½ cuillerée à café de sel
400 ml de crème de coco
390 ml de tomates écrasées

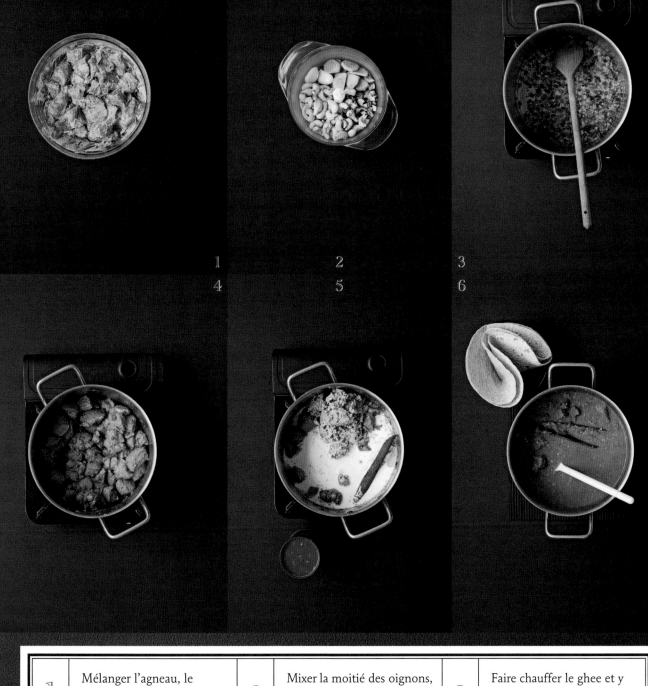

1	Mélanger l'agneau, le yaourt et les épices. Couvrir, laisser reposer 2 heures.	2	Mixer la moitié des oignons, le gingembre, l'ail, les noix de cajou et un peu d'eau.	3	Faire chauffer le ghee et y faire dorer le reste d'oignons pendant 5 minutes.
4	Ajouter la viande et faire cuire 5 minutes, ou jusqu'à coloration.	5	Ajouter la pâte de noix de cajou, le reste des ingrédients et 125 ml d'eau.	6	Laisser mijoter à couvert 30 minutes. Laisser refroidir et épaissir à découvert.

AGNEAU SAAG

❧ POUR 4 PERSONNES • PRÉPARATION : 20 MINUTES • CUISSON : 2 HEURES ❧

3 cuillerées à soupe de ghee
3 oignons, hachés
500 g d'épinards, hachés
2 piments verts, coupés en tranches
2 gousses d'ail, hachées

2 tomates, coupées en dés
2 clous de girofle, écrasés
2 cuillerées à café de coriandre moulue
1 cuillerée à café de garam masala
1 cuillerée à café de curcuma

125 ml de crème liquide
750 g de gigot ou d'épaule d'agneau,
détaillé en dés
Jus de 1 citron
Sel de mer

| 1 | 2 |
| 3 | 4 |

1	Faire chauffer le ghee dans une casserole et y faire cuire les oignons jusqu'à ce qu'ils soient dorés.	2	Ajouter les épinards et les piments et faire cuire pendant 5 minutes.	
3	Ajouter l'ail, les tomates, les clous de girofle, la coriandre, le garam masala et le curcuma et faire cuire pendant 5 minutes.	4	Incorporer la crème et 125 ml d'eau, puis faire cuire en remuant pendant 5 minutes.	➤

		ASTUCE ✳
5	Ajouter la viande dans la casserole et porter à ébullition. Couvrir et laisser cuire pendant 1 heure 30, ou jusqu'à ce que l'agneau soit tendre.	Choisir du gigot ou de l'épaule, et couper l'agneau en morceaux de taille égale pour un résultat très savoureux.

| 6 | Incorporer le jus de citron et assaisonner de sel avant de servir. | **REMARQUE**
❋
Faire cuire l'agneau lentement plutôt qu'à ébullition rapide et bien assaisonner avant de servir. |

CURRY DHAL & BŒUF MADRAS

➤ POUR 4–6 PERSONNES • PRÉPARATION : 20 MINUTES • CUISSON : 1 HEURE 20 ➤

2 cuillerées à soupe d'huile de tournesol
1 oignon rouge, haché
500 g de gîte de bœuf, détaillé en dés
1 cuillerée à soupe de pâte de gingembre
et d'ail (voir recette 06)

½ cuillerée à café de poudre de piment
2 piments rouges séchés
50 g d'urad dhal décortiqué
2 gousses d'ail, hachées
400 g de tomates en boîte, hachées

3 clous de girofle
1 cuillerée à café de curcuma
2 capsules de cardamome brune, écrasées
3 cuillerées à soupe de coriandre hachée

1	Faire dorer l'ail et l'oignon 10 minutes dans l'huile chaude. Ajouter le bœuf et le cuire jusqu'à ce qu'il brunisse.	2	Ajouter la pâte, la poudre de piment, les piments séchés puis le dhal, et faire cuire 3 minutes, ou jusqu'à ce que le dhal brunisse.
3	Incorporer les tomates, les épices et 750 ml d'eau. Couvrir et faire cuire 1 heure, ou jusqu'à ce que la viande soit tendre.	4	Incorporer la coriandre et servir avec du riz, du raïta, des pickles ou du chutney.

ŒUFS MASALA

❖ POUR 4–6 PERSONNES • PRÉPARATION : 15 MINUTES • CUISSON : 30 MINUTES ❖

8 œufs
1 oignon rouge, finement haché
1 cuillerée à soupe de pâte de gingembre
et d'ail (voir recette 06)
2 cuillerées à soupe d'huile

1 cuillerée à soupe de coriandre moulue
1 cuillerée à café de garam masala
½ cuillerée à café de poudre de piment fort
½ cuillerée à café de curcuma
1 tomate, hachée

½ cuillerée à café de sel
250 ml de lait de coco
1 cuillerée à soupe de concentré de tamarin
1 cuillerée à café de feuilles de fenugrec

1	Faire cuire les œufs dans une grande casserole jusqu'à ce qu'ils soient durs. Les passer sous l'eau froide puis les écaler.	2	Faire cuire 10 minutes l'oignon et la pâte dans l'huile chaude. Ajouter la coriandre et faire cuire jusqu'à ce qu'elle embaume.
3	Ajouter le reste des ingrédients sauf le fenugrec, verser 125 ml d'eau et laisser mijoter jusqu'à ce que l'huile remonte à la surface.	4	Ajouter les œufs ; quand ils sont chauds, parsemer de feuilles de fenugrec et servir avec des chapatis (voir recette 59) et du chutney.

WRAPS AU POULET TIKKA

→ POUR 4 PERSONNES • PRÉPARATION : 20 MINUTES + MARINADE • CUISSON : 20 MINUTES ←

1 kg de cuisses de poulet désossées
1 cuillerée à soupe de tandoori masala
1 cuillerée à soupe de jus de citron
1 cuillerée à café de cumin moulu
½ cuillerée à café de garam masala
2 cuillerées à soupe de coriandre hachée

1 cuillerée à soupe de jaggery râpé
ou de vergeoise
250 ml de yaourt nature
6 chapatis (voir recette 59)
2 cuillerées à soupe de pâte de gingembre et
d'ail (voir recette 06)

75 g de laitue coupée en lamelles
2 tomates, coupées en tranches
1 petit oignon rouge, coupé en fines
tranches (facultatif)

1 2
3 4

1	Détailler le poulet en dés de la taille d'une bouchée.	2	Mélanger le tandoori masala, le jus de citron, les épices, le sucre, la pâte de gingembre et d'ail, la coriandre et le yaourt.	
3	Ajouter le poulet dans la marinade, couvrir et placer 4 heures au réfrigérateur, ou pendant la nuit.	4	Préchauffer le four à 180 °C. Cuire le poulet 15 minutes sous un gril chaud en le retournant pour qu'il soit tendre.	➤

5	Envelopper les chapatis de papier d'aluminium et les faire chauffer au four pendant 10 minutes.	**VARIANTE** ❋ On peut aussi mélanger le poulet avec une simple salade ou le servir avec du riz et des raïtas, c'est succulent !

6

Servir les chapatis avec la préparation au poulet, de la laitue, de la tomate, de l'oignon et un chutney au choix.

ASTUCE
❋

Ces wraps peuvent être servis lors d'un dîner estival. Laisser mariner le poulet avant de partir au travail, puis le remettre à température ambiante en rentrant. Faire cuire au barbecue ou sous un gril.

SALADE POULET-GREEN MASALA

↠ POUR 4 PERSONNES • PRÉPARATION : 25 MINUTES + MARINADE • CUISSON : 30 MINUTES

1 cuillerée à soupe de pâte de gingembre
et d'ail (voir recette 04)
3 gousses d'ail, hachées
2 piments verts, coupés en tranches
50 g de coriandre hachée
1 cuillerée à café de cumin moulu

¼ de cuillerée à café de garam masala
¼ de cuillerée à café de curcuma
1 cuillerée à soupe de jus de citron
1 cuillerée à soupe d'huile de tournesol
1 cuillerée à café de jaggery ou de vergeoise
200 g de feuilles de salade

500 g de cuisses de poulet désossées ou de
pilons, coupés en gros morceaux
1 concombre, coupé en tranches
Sel de mer

1	Mixer la pâte, l'ail, les piments, la coriandre, les épices moulues, le jus de citron, l'huile et le sucre jusqu'à homogénéité.	2	Mettre le poulet dans un saladier non métallique, ajouter le mélange aux épices, couvrir et laisser mariner 2 heures, ou plus si possible.
3	Préchauffer une poêle gril et faire cuire le poulet dessus jusqu'à ce qu'il soit tendre.	4	Disposer la salade sur des assiettes, recouvrir de poulet et de concombre, saler et servir avec du chutney de menthe et coriandre.

POULET ÉPICÉ À LA MOUTARDE

➤ POUR 4 PERSONNES • PRÉPARATION : 30 MINUTES • CUISSON : 40 MINUTES ➤

2 cuillerées à soupe d'huile de tournesol
1 cuillerée à café de graines de cumin
1 cuillerée à café de graines de moutarde
noire
1 cuillerée à café de graines de fenouil

1 cuillerée à café de graines de nigelle
1 oignon rouge, haché
1 cuillerée à soupe de pâte de gingembre
et d'ail (voir recette 06)
300 g de tomates mûres, hachées

1 cuillerée à soupe d'eau de tamarin
500 g de cuisses de poulet désossées,
hachées
1 cuillerée à soupe de jaggery
ou de vergeoise

1 2
3 4

1	Faire chauffer l'huile dans une poêle, ajouter les épices et faire cuire jusqu'à ce que les graines de moutarde commencent à éclater.	2	Ajouter l'oignon et la pâte de gingembre et d'ail et faire revenir.
3	Ajouter le poulet et faire cuire jusqu'à coloration, puis incorporer les tomates, l'eau de tamarin et le sucre.	4	Porter à ébullition, baisser le feu et laisser mijoter jusqu'à ce que le poulet soit tendre. Servir avec des chapatis (voir recette 59).

POULET DE L'AWHAD

❖ POUR 4 PERSONNES • PRÉPARATION : 15 MINUTES + MARINADE • CUISSON : 1 HEURE ❖

2 cuillerées à soupe de ghee
2 cuillerées à soupe d'huile de tournesol
2 oignons, coupés en rondelles
80 g de noix de cajou

1 bâton de cannelle
3 clous de girofle
3 capsules de cardamome vertes, écrasées
1 poulet, d'environ 1,3 kg

1 généreuse pincée de filaments de safran
1 cuillerée à soupe d'eau de rose

1	Préchauffer le four à 200 °. Chauffer le ghee et 1 cuillerée à soupe d'huile et y faire dorer les oignons avec les noix de cajou.	2	Faire griller les épices à sec jusqu'à ce qu'elles embaument, puis les mixer dans un mixeur jusqu'à la formation d'une poudre.
3	Répartir le mélange sur le poulet et laisser mariner 2 heures, ou plus longtemps si possible. Arroser du reste d'huile.	4	Mettre le safran, l'eau de rose et 2 cuillerées à soupe d'eau dans une petite casserole et faire chauffer 3 minutes. ➢

49

5 | Mettre le poulet dans un plat à four avec 125 ml d'eau et faire cuire au four pendant 50 minutes, ou jusqu'à ce que le poulet soit doré et tendre. Couvrir et laisser reposer pendant 10 minutes.

VARIANTE
❋

Le poulet peut aussi être cuit au barbecue à couvert – cela lui conférera une délicieuse saveur fumée qui se mariera très bien avec les épices.

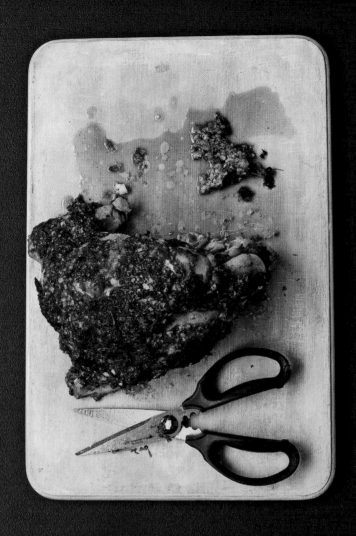

	Arroser le poulet de mélange au safran avant de servir.	ASTUCE
6		Au lieu d'un poulet entier, on peut faire mariner des morceaux ; penser alors à adapter le temps de cuisson.

POULET AU GHEE

❧ POUR 4 PERSONNES • PRÉPARATION : 20 MINUTES • CUISSON : 40 MINUTES ❧

1 kg de cuisses de poulet désossées, coupées en morceaux de la taille d'une bouchée
3 cuillerées à soupe de tandoori masala
1 cuillerée à soupe de pâte de gingembre et d'ail (voir recette 06)

125 ml de yaourt nature
800 g de tomates hachées en conserve
1 cuillerée à café de garam masala
½ cuillerée à café de paprika
250 ml de crème liquide

2 cuillerées à soupe de sucre de palme râpé ou de vergeoise
50 g de ghee froid
½ cuillerée à café de sel
2 cuillerées à soupe de coriandre hachée

1	Préchauffer le gril. Mettre le poulet dans un récipient, ajouter le tandoori masala, la pâte de gingembre et le yaourt ; bien mélanger.	2	Mettre le poulet dans un plat à four peu profond et le faire cuire sous le gril chaud jusqu'à ce qu'il soit tendre.	
3	Sortir le poulet du plat et le réserver.	4	Verser le jus du plat dans une casserole et ajouter les tomates, le garam masala, le paprika, la crème et le sucre.	➢

| 5 | Porter le mélange à ébullition et faire cuire à feu vif pendant 10 minutes, ou jusqu'à ce que la sauce soit épaisse et crémeuse. Ajouter le poulet, le ghee et le sel et laisser mijoter pendant 3 minutes, ou jusqu'à ce que le ghee fonde et que le poulet soit chaud. | **REMARQUE**
❋

Ce plat est très riche ; pour l'alléger un peu en matières grasses, supprimer le ghee à la fin. |

	Parsemer de coriandre et servir avec des quartiers de citron vert et du riz.	**ASTUCE** ❊ Pour que la saveur du poulet soit plus intense, le laisser mariner pendant la nuit. Faire griller le poulet jusqu'à ce qu'il noircisse légèrement pour ajouter de la couleur et du goût au plat.
6		

POÊLÉE DE FRUITS DE MER

❧ POUR 4 PERSONNES • PRÉPARATION : 20 MINUTES • CUISSON : 20 MINUTES ❧

500 g de crevettes crues
200 g de corps de calamars
250 g de moules
½ cuillerée à café de curcuma
½ cuillerée à café de poudre de piment

½ cuillerée à café de sel
2 cuillerées à soupe de pâte de gingembre
et d'ail (voir recette 06)
2 cuillerées à soupe d'huile de tournesol
1 cuillerée à soupe de jus de citron

8 feuilles de curry
1 cuillerée à café de jaggery râpé
ou de vergeoise
1 cuillerée à soupe d'eau de tamarin
7 g de feuilles de coriandre

1 2
3 4

1	Préparer les fruits de mer : décortiquer et déveiner les crevettes, couper les calamars en anneaux et brosser les moules.	2	Mettre les fruits de mer avec le curcuma, le piment, le sel et la pâte dans un récipient et bien mélanger pour les enrober.
3	Les faire revenir dans l'huile chaude. Les pousser sur le côté et ajouter le jus de citron, les feuilles de curry, le sucre et le tamarin.	4	Jeter les moules qui sont restées fermées. Parsemer de coriandre et servir avec des quartiers de citron.

CURRY DE CREVETTES

✦ POUR 4 PERSONNES • PRÉPARATION : 25 MINUTES • CUISSON : 25 MINUTES ✦

1 oignon rouge, haché
1 cuillerée à soupe de gingembre haché
2 gousses d'ail, hachées
1 piment vert, coupé en deux et épépiné
500 g de tomates, hachées
1 cuillerée à café de graines de cumin

1 cuillerée à soupe de ghee
1 cuillerée à café de graines de moutarde
noire
½ cuillerée à café de curcuma
6 feuilles de curry
200 ml de lait de coco

2 cuillerées à soupe d'eau de tamarin
1 cuillerée à soupe de jaggery râpé
ou de sucre roux
750 g de crevettes crues, décortiquées
et déveinées

1	Mixer l'oignon, le gin-gembre, l'ail et le piment. Réserver.	2	Mettre les tomates dans le mixeur nettoyé et mixer jusqu'à homogénéité.	3	Dans le ghee, faire revenir les graines puis le curcuma et les feuilles de curry.
4	Ajouter la pâte d'oignon et 1 cuillerée à soupe d'eau et faire cuire 5 minutes.	5	Ajouter les tomates et le reste des ingrédients, sauf les crevettes ; faire épaissir.	6	Ajouter les crevettes et les cuire 5 minutes pour les attendrir. Servir avec du riz.

CREVETTES SAUTÉES DU SUD

⇝ POUR 4 PERSONNES • PRÉPARATION : 25 MINUTES • CUISSON : 15 MINUTES ⇜

2 gousses d'ail, hachées
500 g de crevettes crues, décortiquées et
déveinées, avec les queues
2 cuillerées à soupe de ghee
4 petits papadums
Huile de tournesol

1 cuillerée à café de graines de moutarde
brune
1 cuillerée à café de graines de fenouil
Morceau de la taille d'une noix de pulpe de
tamarin
2 tomates, émincées

½ petit oignon rouge, finement haché
½ cuillerée à café de poivre noir
2 cuillerées à soupe de menthe hachée
Quartiers de citron, pour le service

1	Faire revenir l'ail et les crevettes dans la moitié du ghee chaud.	2	Cuire les papadums dans l'huile chaude puis égoutter sur du papier absorbant.	3	Faire revenir les graines dans le reste de ghee chaud.
4	Verser 125 ml d'eau bouillante sur le tamarin, remuer et passer au tamis.	5	Mélanger le reste des ingrédients, 1 cuillerée d'eau de tamarin et les graines.	6	Servir avec les crevettes, les papadums, du raïta à la tomate et du citron.

POISSON DE GOA

❧ POUR 4 PERSONNES • PRÉPARATION : 15 MINUTES • CUISSON : 20 MINUTES ❧

4 petits ou 1 gros poisson plat, vidés
Huile de tournesol

PÂTE D'ÉPICES :
½ cuillerée à café de graines de cumin
½ cuillerée à café de graines de coriandre

3 grains de poivre noir
4 piments rouges secs, trempés dans de
l'eau chaude puis égouttés
¼ de cuillerée à café de curcuma
1 petit oignon rouge, haché
1 cuillerée à soupe de gingembre frais, haché

6 gousses d'ail
1 cuillerée à soupe d'eau de tamarin
Sel de mer
1 cuillerée à café de sucre
2 cuillerées à soupe de vinaigre blanc
1 citron

1 2
3 4

1	Pour la pâte d'épices, faire cuire à sec les graines de cumin, de coriandre et le poivre noir jusqu'à ce que le mélange embaume.	2	Mixer jusqu'à homogénéité les épices grillées avec le reste des ingrédients, sauf le vinaigre. Incorporer esnuite le vinaigre.	
3	Inciser chaque poisson par le dessus pour former une poche à travers le centre.	4	Farcir du mélange d'épices et le faire tenir avec 2 pics à cocktail.	➤

5

Faire chauffer un fond d'huile et y faire revenir le poisson jusqu'à ce qu'il soit croustillant et doré des deux côtés et bien cuit.

VARIANTE
❊

À défaut de poissons plats chez le poissonnier ou au supermarché, choisir un gros poisson – le couper le long de la colonne vertébrale en commençant derrière la tête et en allant jusqu'à la queue, des deux côtés.

| 6 | Égoutter le poisson sur du papier absorbant et le servir avec de la salade et des quartiers de citron. | **ASTUCE**
❋
Vérifier que le poisson est sec avant de le mettre dans l'huile chaude. Frotter les deux côtés du poisson avec un peu d'huile pour éviter qu'il colle au fond de la poêle. |

MOLEE DE POISSON

❧ POUR 4 PERSONNES • PRÉPARATION : 25 MINUTES • CUISSON : 40 MINUTES ❧

2 cuillerées à soupe d'huile de tournesol
1 cuillerée à café de graines de moutarde
noire
½ cuillerée à café de graines de fenugrec
10 feuilles de curry
1 oignon rouge, coupé en tranches

1 cuillerée à soupe de concentré de tamarin
2 piments verts, coupés en deux dans la
longueur
½ cuillerée à café de curcuma
½ cuillerée à café de sel
½ cuillerée à café de poivre noir concassé

375 ml de lait de coco
500 g de filets de poisson blanc fermes,
coupés en gros morceaux
1 tomate mûre moyenne, hachée

1	Faire revenir les graines dans l'huile chaude. Ajouter les feuilles de curry, les piments puis l'oignon et faire cuire 10 minutes.	2	Ajouter le tamarin, le curcuma, le sel, le poivre et la moitié du lait de coco.
3	Porter à ébullition, puis baisser le feu, ajouter le poisson et le faire cuire 5-10 minutes en le retournant pendant la cuisson.	4	Ajouter le reste de lait de coco et la tomate, et laisser mijoter 10 minutes, ou jusqu'à ce que l'huile remonte. Servir avec des naans.

CROQUETTES DE POISSON

➤ POUR 12 PERSONNES • PRÉPARATION : 40 MINUTES + RÉFRIGÉRATION • CUISSON : 20 MINUTES ➤

500 g de filets de poisson blanc fermes, sans arêtes
2 grosses pommes de terre
1 piment vert, haché (facultatif)

1 cuillerée à soupe de coriandre hachée
½ cuillerée à café de cannelle moulue
1 blanc d'œuf, légèrement battu
Sel de mer et poivre noir

80 g de chapelure fraîche
Huile de tournesol
Quartiers de citron, pour le service

1 2
3 4

1	Cuire le poisson et les pommes de terre à la vapeur. Mélanger le poisson émietté et les pommes de terre un peu refroidies, écrasées.	2	Ajouter le piment, la coriandre, la cannelle, le blanc d'œuf, et du sel et du poivre dans le récipient et bien mélanger.
3	Façonner des petites croquettes avec 2 ou 3 cuillerées à soupe de préparation. Les rouler dans la chapelure puis réfrigérer 1 ou 2 heures.	4	Chauffer un fond d'huile et y faire revenir les croquettes jusqu'à ce qu'elles soient croustillantes et dorées. Servir avec du citron.

POISSON-FEUILLES DE BANANIER

❖ POUR 4 PAPILLOTES • PRÉPARATION : 20 MINUTES • CUISSON : 30 MINUTES ❖

½ cuillerée à café de curcuma
1 cuillerée à café de poivre noir concassé
1 cuillerée à café de sel
4 filets de saumon, avec la peau

Huile de tournesol
1 oignon rouge
1 piment vert, épépiné
20 g de coriandre hachée

4 gousses d'ail
3 cm de gingembre, épluché et haché
Jeunes feuilles de bananier

1 2
3 4

1	Préchauffer le four à 220 °C. Mélanger le curcuma, le poivre et le sel et en frotter les saumons Les cuire dans un fond d'huile chaude.	2	Retirer les filets et l'huile – sauf 3 cuillerées à soupe. Mixer le reste des ingrédients, sauf les feuilles, jusqu'à homogénéité.	
3	Faire cuire la pâte d'oignon et de coriandre pendant 15 minutes dans l'huile restante jusqu'à ce qu'elle caramélise.	4	Faire chauffer les feuilles de bananier au-dessus d'une flamme ou sous un gril chaud pour les assouplir.	➤

		REMARQUE
5	Étaler la pâte sur les filets de saumon, puis les envelopper dans les feuilles de bananier ramollies en les faisant tenir avec de la ficelle.	❋ On peut utiliser du papier d'aluminium ou sulfurisé à la place des feuilles de bananier ; les papillotes peuvent être préparées à l'avance et cuites juste avant d'être servies. Les sortir à température ambiante 30 minutes avant de les mettre au four.

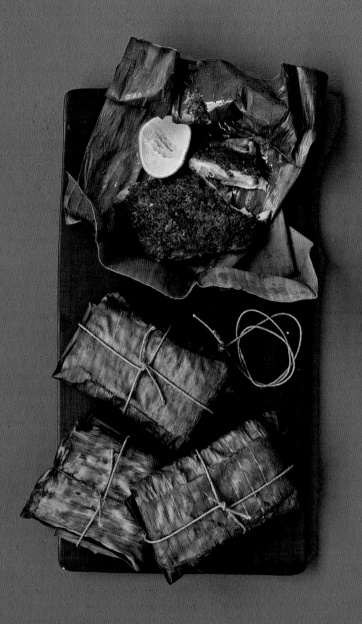

| 6 | Placer les papillotes sur une plaque de four antiadhésive et les faire cuire au four pendant 10-15 minutes, ou jusqu'à ce qu'elles soient tendres. Les servir avec des quartiers de citron vert. | **ASTUCE**
※
Ces papillotes peuvent être servies à des invités lors d'un dîner. Apporter les papillotes sur la table et laisser les invités les ouvrir. Les feuilles de bananier font également office d'assiettes. |

POISSON FRIT À L'INDIENNE

❖ POUR 4 PERSONNES • PRÉPARATION : 25 MINUTES • CUISSON : 30 MINUTES ❖

125 g de farine de pois chiches
1 cuillerée à café de cumin moulu
½ cuillerée à café de coriandre moulue
2 cuillerées à café de chaat masala

¼ de cuillerée à café de poivre noir concassé
2 cuillerées à soupe de coriandre hachée
125 ml d'eau pétillante ou de bière
Huile de tournesol, pour la friture

4 filets de poisson blanc sans arêtes, coupés
en longues tranches fines
Quartiers de citron, pour le service

1	Mélanger la farine, les épices, la coriandre hachée et l'eau jusqu'à l'obtention d'une pâte homogène. Laisser reposer 10 minutes.	2	Plonger les filets de poisson dans la pâte, en laissant couler l'excédent.
3	Faire chauffer l'huile pour la friture et y faire cuire les filets jusqu'à ce qu'ils soient croustillants et dorés.	4	Égoutter sur du papier absorbant. Servir avec les quartiers de citron.

PAINS & RIZ

5

PAINS

RIZ

CHAPATIS

❧ POUR 8 CHAPATIS • PRÉPARATION : 30 MINUTES • CUISSON : 10 MINUTES ❧

200 g d'atta ou de farine complète
1 pincée de sel
50 g de ghee

1	Mettre la farine et le sel dans un récipient.	2	Ajouter 125 ml d'eau et mélanger jusqu'à la formation d'une pâte.
3	Continuer à ajouter de l'eau, 1 cuillerée à soupe à la fois, jusqu'à ce que la pâte forme une boule.	4	Pétrir la pâte jusqu'à ce qu'elle soit homogène : elle doit reprendre sa forme sous la pression du doigt. ➢

5 6
7 8

5	Abaisser 1 cuillerée à soupe de pâte pour former une galette, en la saupoudrant plusieurs fois de farine pour ne pas qu'elle colle.	6	Faire chauffer une tawa ou une poêle antiadhésive et faire cuire une galette d'un côté jusqu'à l'apparition de bulles.	
7	Retourner la galette et la tapoter avec du papier absorbant propre jusqu'à l'apparition de boursouflures.	8	Badigeonner les chapatis de ghee.	➤

| 9 | Envelopper les chapatis dans un torchon propre et les garder au chaud pendant la préparation des autres. Servir lors d'un repas indien. | **ASTUCE**
❖
Verser l'eau progressivement en préparant la pâte – si celle-ci est collante, les chapatis seront lourds. Ne pas retourner les chapatis en abaissant la pâte, les rouler sur le côté et bien les fariner. Il sera plus facile de faire des cercles avec un rouleau à chapati. |

POORIS

❧ POUR 14 POORIS • PRÉPARATION : 30 MINUTES • CUISSON : 20 MINUTES ❧

125 g de maida ou de farine ordinaire
125 g d'atta ou de farine complète
1 cuillerée à soupe de ghee

1 pincée de sel
Huile de tournesol, pour la friture

1 2
3 4

1	Mettre les farines dans un récipient, incorporer le ghee avec un couteau et ajouter le sel.	2	Ajouter de l'eau – 125 ml maximum – 1 cuillerée à soupe à la fois, jusqu'à la formation d'une boule de pâte.	
3	Pétrir la pâte jusqu'à homogénéité : elle doit reprendre sa forme sous la pression du doigt. Former une boule avec 1 cuillerée à soupe.	4	Plonger la boule de pâte dans l'huile puis l'abaisser en tournant pour former une galette. Ne pas retourner la pâte.	➤

5

Faire chauffer l'huile pour la friture dans une grande casserole. Mettre une galette de pâte dans l'huile chaude et faire couler de l'huile chaude dessus quand elle remonte à la surface. Appuyer sur le cercle avec le dos d'une cuillère pour qu'elle reste immergée dans l'huile.

VARIANTE
❋

Pour changer la couleur de la pâte, ajouter du jus de betteraves ou du jus d'épinards.

6	Retourner le poori et le faire cuire jusqu'à ce qu'il soit croustillant et doré. Égoutter sur du papier absorbant et servir immédiatement.	**REMARQUE** ❋ La pâte pour les pooris doit être abaissée sur une surface huilée et non farinée. Faire cuire les pooris un par un. Verser doucement l'huile chaude sur le poori dès qu'il est dans l'huile et le maintenir immergé dans l'huile chaude une fois qu'il commence à gonfler.

PARATHAS FARCIS

❖ POUR 6 PARATHAS • PRÉPARATION : 25 MINUTES • CUISSON : 20 MINUTES ❖

Ayurvedique

FARCE :
150 g de pommes de terre, non épluchées
1 petit oignon, râpé
30 g d'épinards émincés

1 cuillerée à café de gingembre frais râpé
½ cuillerée à café de graines d'ajowan
½ cuillerée à café de curcuma
1 cuillerée à soupe de coriandre hachée

PARATHAS :
250 g d'atta ou de farine complète
1 pincée de sel
2 cuillerées à café de ghee

1 2
3 4

1	Pour la farce, faire cuire les pommes de terre à la vapeur, puis les laisser refroidir un peu avant de les éplucher et les écraser.	2	Ajouter l'oignon, les épinards, le gingembre, les graines d'ajowan, le curcuma et la coriandre puis bien mélanger.
3	Mélanger la farine, le sel et le ghee. Ajouter de l'eau – 125 ml maximum – 1 cuillerée à soupe à la fois jusqu'à la formation d'une boule.	4	Pétrir la pâte jusqu'à homogénéité : elle doit reprendre sa forme sous la pression du doigt. La diviser en 12. ➤

5	Abaisser une boule de pâte sur une surface légèrement farinée jusqu'à ce qu'elle soit lisse et ronde. Étaler 1 ou 2 cuillerées à soupe de garniture sur la galette, en laissant une marge d'environ 2 cm pour éviter que la garniture s'échappe. Abaisser une autre boule de pâte en cercle et la placer par-dessus l'autre. Appuyer sur les bords pour la faire tenir.

VARIANTE
❋

Les parathas peuvent être farcis avec n'importe quelle garniture. On peut aussi ajouter des herbes, des épinards ou des épices dans la pâte, et cuire les parathas tels quels.

| 6 | Faire chauffer une tawa ou une poêle antiadhésive, et y faire cuire un paratha jusqu'à ce qu'il soit bruni des deux côtés. Répéter l'opération avec le reste de pâte. Garder chaud dans un four tiède pendant la préparation des autres parathas. | **REMARQUE**
❋
Préparer les parathas à l'avance puis les réchauffer dans un four tiède. Ils sont meilleurs quand on les garde au chaud dans un torchon propre. |

NAANS

❧ POUR 6 NAANS • PRÉPARATION : 30 MINUTES + LEVÉE • CUISSON : 20 MINUTES ❦

1 cuillerée à café de levure sèche active
180 ml d'eau tiède
1 cuillerée à café de sucre en poudre
250 g de maida ou de farine ordinaire

1 cuillerée à café de levure chimique
1 pincée de sel
2 ½ cuillerées à soupe de yaourt nature
2 cuillerées à soupe d'huile de tournesol

50 g de ghee
3 gousses d'ail, hachées

1 2
3 4

1	Préchauffer le four à 250 °C et le gril sur moyen. Laisser reposer la levure active avec l'eau et le sucre jusqu'à ce qu'elle mousse.	2	Mélanger la farine, la levure chimique et le sel dans un récipient.	
3	Ajouter progressivement le mélange à la levure active et le yaourt, puis remuer jusqu'à la formation d'une pâte.	4	Pétrir pendant quelques minutes, ou jusqu'à ce que la pâte soit homogène.	➤

5 6
7 8

5	Couvrir et laisser reposer pendant 3-4 heures, ou jusqu'à ce que la pâte ait doublé de volume.	6	Avec des mains légèrement huilées, diviser le pâton en 6 boulettes.	
7	Abaisser chacune sur une surface légèrement farinée pour obtenir de grandes galettes ovales.	8	Les placer sur une pierre à pizza ou une plaque de four pour 3 minutes.	➤

9	Les badigeonner du mélange de ghee et d'ail, et servir chaud.	**ASTUCE** ❋ On peut fourrer le centre de chaque boule de pâte d'un mélange de paneer râpé, d'amandes hachées et de raisins sultanines.

RIZ AU SAFRAN

❖ POUR 4 PERSONNES • PRÉPARATION : 20 MINUTES • CUISSON : 25 MINUTES ❖

300 g de riz basmati
1 cuillerée à soupe d'huile de tournesol
3 cuillerées à soupe de ghee
2 oignons, coupés en rondelles
¼ de cuillerée à café de curcuma

1 cuillerée à café de graines de cumin
2 capsules de cardamome brune, écrasées
1 bâton de cannelle
1 feuille de laurier
1 généreuse pincée de filaments de safran

ASTUCE :
Pour un délicieux riz à la noix de coco, remplacer la moitié de l'eau par 250 ml de lait de coco.

1	Laver le riz à l'eau froide jusqu'à ce que l'eau soit claire.	2	Faire brunir les oignons dans l'huile et 2 cuillerées à soupe de ghee chaud.	3	Faire cuire le reste de ghee et les épices pendant 2 minutes.
4	Incorporer le riz et 500 ml d'eau. Porter à ébullition.	5	Couvrir et faire cuire 15 minutes, ou jusqu'à ce que le riz soit tendre.	6	Recouvrir d'oignons caramélisés avant de servir.

KICHADI

→ POUR 4 PERSONNES • PRÉPARATION : 15 MINUTES + TREMPAGE • CUISSON : 50 MINUTES ←

1 cuillerée à soupe de ghee
½ cuillerée à café de graines de fenouil
1 cuillerée à café de graines de cumin
¼ de cuillerée à café de curcuma

Sel de mer
1 petit oignon rouge, finement haché
1 cuillerée à café de gingembre frais, râpé
190 g de riz basmati

90 g de haricots mungo décortiqués
2 cuillerées à soupe de coriandre hachée
Jus de citron, selon les goûts

1	Faire chauffer le ghee dans une casserole, ajouter les épices et le sel et faire cuire jusqu'à ce que le mélange embaume.	2	Ajouter l'oignon et le gingembre et faire cuire jusqu'à ce que l'oignon soit doré.
3	Ajouter le riz, le dhal et 1,5 litre d'eau et faire bouillir. Faire cuire 40 minutes, ou jusqu'à ce que le mélange soit tendre et crémeux.	4	Incorporer la coriandre et le jus de citron, puis servir.

PULAO AUX LÉGUMES

➤ POUR 4 PERSONNES • PRÉPARATION : 20 MINUTES • CUISSON : 40 MINUTES ➤

3 cuillerées à soupe de ghee
1 oignon, finement haché
1 ou 2 cuillerées à soupe de pâte de gingembre et d'ail (voir recette 06)
1 piment vert, haché
1 cuillerée à café de graines de cumin

½ cuillerée à café de curcuma
1 cuillerée à café de garam masala
2 tomates, hachées
100 g de haricots verts, coupés en petits
morceaux
1 carotte, détaillée en dés

100 g de chou-fleur, détaillé en bouquets
130 g de petits pois
300 g de riz basmati
Sel de mer
2 cuillerées à soupe de coriandre grossièrement hachée

1 2
3 4

1	Dans une poêle profonde, faire revenir l'oignon et la pâte de gingembre dans 2 cuillerées à soupe de ghee chaud.	2	Ajouter le piment, les épices puis les tomates et faire cuire jusqu'à ce que les tomates s'attendrissent.
3	Ajouter les légumes, le riz et 600 ml d'eau, du sel et le reste de ghee ; porter à ébullition.	4	Couvrir et faire cuire 15 minutes, ou jusqu'à ce que le riz soit tendre. Incorporer la coriandre avec une fourchette avant de servir.

BIRYANI D'AGNEAU

❧ POUR 4 PERSONNES • PRÉPARATION : 30 MINUTES + MARINADE • CUISSON : 1 HEURE 30 ❧

500 g de gigot d'agneau, détaillé en dés
2 cuillerées à café de garam masala
¼ de cuillerée à café de poivre noir
½ cuillerée à café de curcuma
3 cuillerées à soupe de pâte de gingembre
et d'ail (voir recette 06)

1 piment vert, coupé en deux
250 ml de yaourt nature
3 cuillerées à soupe d'huile de tournesol
2 oignons, coupés en rondelles
300 g de riz basmati
2 cuillerées à soupe de ghee, fondu

1 pincée de filaments de safran
30 g d'amandes effilées, grillées, pour garnir
2 cuillerées à soupe de raisins sultanines,
pour garnir

1 2
3 4

1	Mélanger l'agneau avec le garam masala, le poivre, le curcuma, le piment, la pâte et le yaourt dans un récipient. Faire mariner la nuit.	2	Préchauffer le four à 180 °C. Faire chauffer l'huile et faire brunir les oignons. En réserver un tiers pour la garniture.	
3	Ajouter l'agneau avec 250 ml d'eau et porter à ébullition, puis couvrir et faire cuire 1 heure, ou jusqu'à ce qu'il soit tendre.	4	Dans une autre casserole, faire cuire le riz avec assez d'eau pour qu'il soit recouvert jusqu'à ce qu'il soit tendre.	➤

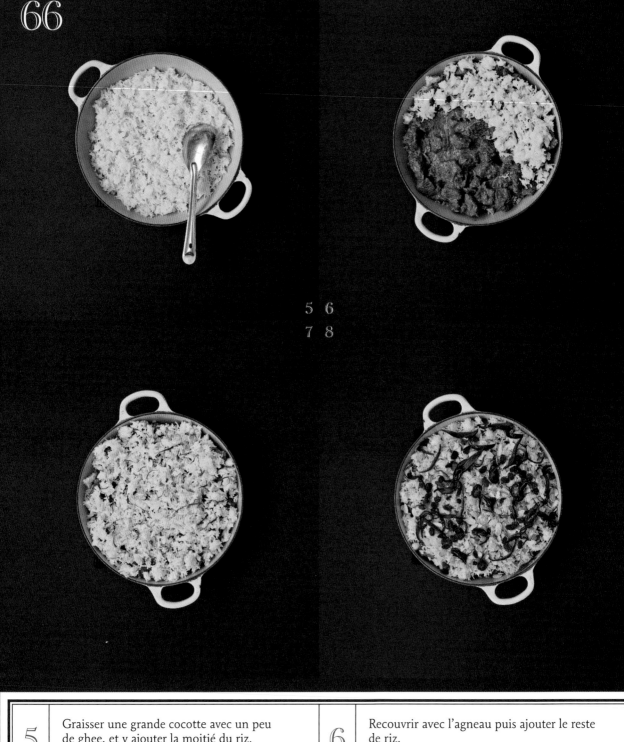

5 6
7 8

5	Graisser une grande cocotte avec un peu de ghee, et y ajouter la moitié du riz.	6	Recouvrir avec l'agneau puis ajouter le reste de riz.	
7	Laisser tremper le safran dans 1 cuillerée à soupe d'eau chaude puis le mettre sur le riz avec le ghee. Couvrir et enfourner pour 30 minutes.	8	Parsemer des oignons réservés, d'amandes et de raisins sultanines.	➤

| 9 | Servir chaud avec des condiments et des raïtas. | **REMARQUE**
❊

Ce plat est meilleur servi et dégusté juste après la cuisson. L'accompagner de yaourt, de raïta et de quartiers de citron pour un succulent repas très bien présenté à servir lors de grandes occasions. |

CHUTNEYS, PICKLES & SALADES

6

CHUTNEYS

PICKLES

SALADES

CHUTNEY DE NOIX DE COCO

❧ POUR 125 G • PRÉPARATION : 5 MINUTES • CUISSON : 10 MINUTES ❧

45 g de noix de coco râpée
1 cuillerée à soupe de gingembre frais râpé
1 cuillerée à café de graines de moutarde
noire

1 piment rouge sec
4 feuilles de curry
1 cuillerée à soupe d'huile de tournesol
Sel de mer

ne.

1	Mixer la noix de coco et le gingembre avec 2 cuillerées à soupe d'eau jusqu'à la formation d'une pâte. Transvaser dans un bol.	2	Faire revenir les graines de moutarde, le piment rouge et les feuilles de curry dans l'huile chaude jusqu'à ce que les graines éclatent.
3	Incorporer le mélange à l'huile épicée dans celui à la noix de coco, puis assaisonner de sel.	4	Servir comme condiment avec des chapatis (voir recette 59) ou des samosas ou en dip avec des papadums (voir recette 08).

67

CHUTNEY DE TAMARIN

⤞ POUR 375 ML • PRÉPARATION : 15 MINUTES • CUISSON : 15 MINUTES ⤝

1 cuillerée à café de graines de cumin
1 cuillerée à café de graines de coriandre
¼ de cuillerée à café de poudre de piment
(facultatif)

2 cuillerées à soupe d'huile de tournesol
90 g de jaggery râpé ou de vergeoise
250 ml d'eau de tamarin
½ cuillerée à café de gingembre moulu

½ cuillerée à café de sel de mer

1	Faire revenir les graines de cumin, de coriandre et la poudre de piment dans l'huile chaude jusqu'à ce que les épices embaument.	2	Ajouter le sucre et 1 cuillerée à soupe d'eau, et faire cuire en remuant jusqu'à ce qu'il soit dissous.
3	Incorporer l'eau de tamarin et le gingembre ; faire bouillir 10 minutes, ou jusqu'à ce que le mélange ait réduit d'un tiers et épaissi.	4	Incorporer le sel, verser dans un pot et fermer hermétiquement. Ce chutney se conserve 3 mois. Le servir avec un chaat ou des samosas.

CHUTNEY DE TOMATE

❖ POUR 1,5 KG • PRÉPARATION : 20 MINUTES • CUISSON : 40 MINUTES ❖

1 cuillerée à soupe d'huile de tournesol
1 cuillerée à café de graines de moutarde noire
1 cuillerée à café de graines de cumin

1 cuillerée à café de graines de fenugrec
1 cuillerée à café de graines de fenouil
1 kg de tomates mûres, hachées
60 g de raisins secs

200 g de jaggery râpé ou de vergeoise
180 g de dattes dénoyautées, hachées
2 cuillerées à soupe de vinaigre blanc
1 cuillerée à café de sel

1 2
3 4

1	Faire chauffer l'huile et y faire revenir toutes les graines jusqu'à ce que les graines de moutarde éclatent.	2	Ajouter les tomates et les faire cuire jusqu'à ce qu'elles commencent à s'attendrir.
3	Ajouter les raisins, le sucre, les dattes, le vinaigre et le sel et laisser mijoter 20 minutes, ou jusqu'à ce que le mélange épaississe.	4	Verser dans des pots stérilisés et fermer hermétiquement. Servir avec des samosas et des chapatis aux œufs (voir recette 13).

CHUTNEY DE MANGUE

❖ POUR 4 PERSONNES • PRÉPARATION : 15 MINUTES • CUISSON : 45 MINUTES ❖

2,5 kg de mangues pas mûres
1 oignon rouge, haché
1 cuillerée à soupe de gingembre frais, râpé
125 g de jaggery râpé ou de sucre de palme râpé

150 ml de vinaigre blanc
½ cuillerée à café de garam masala
¼ de cuillerée à café de cardamome moulue
½ cuillerée à café de poudre de piment

1	Éplucher les mangues, les dénoyauter et hacher la chair.	2	Mettre tous les ingrédients dans une casserole et faire cuire à feu doux jusqu'à ce que le sucre soit dissous.
3	Porter à ébullition, baisser le feu et laisser mijoter environ 40 minutes. Vérifier régulièrement que le mélange ne colle pas au fond.	4	Mettre dans des pots en tassant et fermer avec des couvercles résistants au vinaigre. Conserver quelques mois avant emploi.

CHUTNEY MENTHE & CORIANDRE

❖ POUR 125 G • PRÉPARATION : 10 MINUTES • CUISSON : AUCUNE ❖

2 piments verts
15 g de feuilles de menthe
30 g de feuilles de coriandre
1 gousse d'ail, hachée

1 petit oignon rouge, haché
1 cuillerée à soupe de jus de citron
1 cuillerée à café de sucre
Sel de mer

1 2
3 4

1	Couper les piments en deux et enlever les graines et les membranes avec une cuillère, puis les hacher. Mettre les piments dans un mixeur.	2	Ajouter tous les ingrédients et 2 cuillerées à soupe d'eau dans le mixeur et mixer jusqu'à ce que le mélange soit homogène.
3	Si le chutney va être utilisé pour des chaats, incorporer 1 ou 2 cuillerées à soupe d'eau pour allonger légèrement.	4	Servir comme chutney sur des pains et des dosas ou avec des snacks, comme des samosas.

CHUTNEY CORIANDRE-YAOURT

➤ POUR 185 ML • PRÉPARATION : 10 MINUTES • CUISSON : AUCUNE ◀

2 gousses d'ail
1 morceau de gingembre frais
2 citrons
15 g de feuilles de menthe

30 g de feuilles de coriandre
1 cuillerée à café de sucre
Sel de mer
185 ml de yaourt nature

1	Hacher les gousses d'ail, éplucher le gingembre et le râper, puis presser les citrons.	2	Mettre l'ail, le gingembre, le jus des citrons, la menthe, la coriandre, le sucre, du sel et le yaourt dans un mixeur.
3	Mixer jusqu'à ce que le mélange soit homogène.	4	Servir en dip avec des papadums (voir recette 08) ou en assaisonnement de brochettes.

CACHUMBER + RAÏTA CONCOMBRE

❋ POUR 4 PERSONNES • PRÉPARATION : 10 MINUTES • CUISSON : AUCUNE ❋

Pour le **CACHUMBER**, mettre 2 tomates et 1 petit oignon rouge coupés en dés dans un bol, ajouter 1 cuillerée à soupe de coriandre hachée, 2 cuillerées à café de jus de citron et 1 pincée de sel, puis mélanger.

Pour le **RAÏTA AU CONCOMBRE**, mettre ½ concombre coupé en dés dans un bol, ajouter 125 ml de yaourt nature, ¼ de cuillerée à café de cumin, ¼ de cuillerée à café de sel, ¼ de cuillerée à café de sucre, 1 cuillerée à soupe de coriandre et 1 cuillerée à soupe de menthe hachées puis mélanger.

RAÏTA BANANE + YAOURT MENTHE

❧ POUR 4 PERSONNES • PRÉPARATION : 10 MINUTES • CUISSON : AUCUNE ❧

Pour le **RAÏTA À LA BANANE**, mettre 3 bananes coupées en rondelles épaisses dans un bol, verser 1 cuillerée à soupe de jus de citron et mélanger. Incorporer 25 g de noix de coco râpée et 1 cuillerée à soupe de coriandre hachée.

Pour le@ **YAOURT À LA MENTHE**, mixer 125 ml de yaourt nature, 15 g de feuilles de coriandre, 7 g de feuilles de menthe, 2 gousses d'ail, 1 cuillerée à soupe de gingembre râpé, ½ cuillerée à café de cumin moulu, du sel et 2 cuillerées à café de jaggery râpé ou de sucre roux jusqu'à l'obtention d'une consistance homogène.

PICKLES DE CITRON VERT

❖ POUR 2 LITRES • PRÉPARATION : 30 MINUTES + REPOS • CUISSON : 5 MINUTES ❖

16 citrons verts, lavés et séchés
250 g de sel
1 cuillerée à café de graines de fenugrec
1 cuillerée à café de graines de moutarde
2 cuillerées à soupe d'huile de tournesol

2 cuillerées à café de curcuma
1 cuillerée à café d'asafoetida
95 g de poudre de piment
2 cuillerées à soupe de sucre en poudre

REMARQUE :
Conserver le pickle pendant 2 semaines
à température ambiante dans un endroit
ensoleillé. Conserver jusqu'à 6 mois
au réfrigérateur.

1	Couper les citrons verts en deux, puis en quartiers, puis chaque quartier en deux. Les mettre dans un récipient avec le sel et mélanger.	2	Mettre les citrons verts dans un bocal en verre de 1 litre, fermer hermétiquement et laisser reposer 1 semaine à température ambiante.
3	Faire revenir les graines dans l'huile chaude pendant 1 minute. Les moudre finement dans un mortier avec le curcuma et l'asafoetida.	4	Mélanger la poudre d'épices, la poudre de piment, le sucre et les citrons dans un récipient non métallique. Mettre dans le bocal et fermer.

PICKLES D'AUBERGINE

➼ POUR 900 ML • PRÉPARATION : 30 MINUTES + REPOS • CUISSON : 35 MINUTES ➻

2 grosses aubergines
3 cuillerées à soupe de sel
1 cuillerée à café de curcuma
2 cuillerées à café de poudre de piment
1 cuillerée à café de cumin en poudre

1 cuillerée à café de graines de fenugrec
250 ml d'huile de tournesol
3 cuillerées à soupe de pâte de gingembre
et d'ail (voir recette 06)
2 petits piments verts

6 feuilles de curry
250 ml de vinaigre de malt
2 cuillerées à soupe de jaggery
ou de vergeoise

1 2
3 4

1	Détailler les aubergines en dés, les mettre dans une passoire et saupoudrer de sel. Laisser reposer pendant 30 minutes.	2	Faire revenir le curcuma, la poudre, le cumin et le fenugrec dans l'huile. Cuire 10 minutes avec la pâte, les piments et les feuilles de curry.
3	Ajouter les dés d'aubergine, le vinaigre et le sucre et faire cuire pendant 15-20 minutes, ou jusqu'à ce que l'aubergine soit tendre.	4	Mettre dans des pots chauds en tassant. Fermer avec des couvercles résistants au vinaigre. Conserver quelques semaines avant emploi.

SALADE DE CHOU

❧ POUR 4 PERSONNES • PRÉPARATION : 10 MINUTES • CUISSON : 10 MINUTES ❧

Ayurvedique

1 ½ cuillerée à soupe d'huile de tournesol
1 cuillerée à café de graines de moutarde noire
1 cuillerée à café d'asafoetida

6 feuilles de curry
2 piments verts, coupés en deux
2 cuillerées à soupe de jus de citron
300 g de chou haché

1 carotte, râpée
100 g d'amandes, hachées
Sel de mer

1	Faire chauffer l'huile et y faire revenir les graines de moutarde jusqu'à ce qu'elles éclatent. Ajouter l'asafoetida.	2	Ajouter les feuilles de curry, les piments et le jus de citron.
3	Ajouter le chou, la carotte et les amandes. Assaisonner de sel.	4	Remuer et faire cuire jusqu'à ce que le mélange soit chaud. Servir à température ambiante avec des quartiers de citron.

CHAAT DE FRUITS

❧ POUR 4 PERSONNES • PRÉPARATION : 10 MINUTES • CUISSON : AUCUNE ❧

2 grenades
2 pommes, évidées et hachées en morceaux
de la taille d'une bouchée
2 bananes, coupées en rondelles
2 mandarines, épluchées et séparées
en quartiers

300 g de papaye, hachée
2 cuillerées à soupe de jus de citron
½ cuillerée à café de chaat masala

NOTE :

Le chaat masala ajoute une touche piquante
épicée aux fruits : le résultat est irrésistible !
À défaut de chaat masala, on peut utiliser
un peu de kala namak et du cumin fraîche-
ment moulu.

1 2
3 4

1	Mettre les grenades coupées en deux au-dessus d'un récipient et taper sur le dessus avec une cuillère pour faire tomber les graines.	2	Mettre les fruits dans un récipient non métallique et bien mélanger.
3	Ajouter le jus de citron et le chaat masala.	4	Bien mélanger pour enrober les fruits du mélange aux épices. Servir au petit déjeuner avec du yaourt, ou en guise de snack.

BOISSONS & DESSERTS

7

DESSERTS

BOISSONS

HALVA AUX CAROTTES

Ayurvédique

➤ POUR 4–6 PERSONNES • PRÉPARATION : 20 MINUTES • CUISSON : 40 MINUTES ◄

4 capsules de cardamome
4 carottes, râpées
2 cuillerées à soupe de ghee
500 ml de lait non homogénéisé
50 g de pistaches, grossièrement hachées

230 g de vergeoise
50 g d'amandes crues, grossièrement hachées
1 pincée de cardamome moulue

ASTUCE :
Le ghee peut être remplacé par une quantité identique de beurre. Cependant, il ne s'agira plus d'un plat ayurvédique car le beurre possède des propriétés différentes de celles du ghee et n'en a pas les vertus médicinales.

| 1 | Écraser les capsules de cardamome dans un mortier avec un pilon. | 2 | Faire cuire les carottes pendant 5 minutes dans le ghee chaud. | 3 | Ajouter le lait, la moitié des amandes et des pistaches et les capsules de cardamome. |
| 4 | Faire cuire en remuant de temps en temps jusqu'à ce que le lait ait été absorbé. | 5 | Ajouter le sucre dans les carottes et remuer. | 6 | Servir avec le reste d'amandes, de pistaches et la cardamome moulue. |

PANCAKES HARICOTS MUNGO

❧ POUR 6 PERSONNES • PRÉPARATION : 15 MINUTES • CUISSON : 40 MINUTES ❧

70 g de haricots mungo décortiqués
125 g d'atta ou de farine complète
1 cuillerée à café de levure chimique
45 g de jaggery râpé ou de vergeoise

125 ml de lait
80 g de ghee
SIROP DE JAGGERY :
1 cuillerée à soupe de gingembre frais, râpé

6 capsules de cardamome verte, écrasées
1 cuillerée à café de cumin moulu
¼ de cuillerée à café de poivre noir concassé
90 g de jaggery râpé ou de vergeoise

 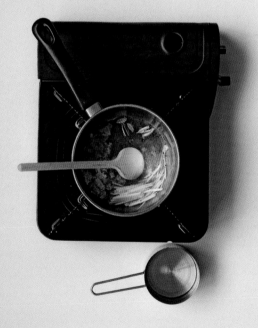

1	Mettre le dhal dans une casserole avec 500 ml d'eau, porter à ébullition et faire cuire 20 minutes pour l'attendrir. Laisser refroidir.	2	Tamiser la farine et la levure au-dessus d'un récipient. Creuser un puits au centre.
3	Ajouter le dhal, le sucre, le lait puis la moitié du ghee et mélanger pour former une pâte homogène. Réserver.	4	Mélanger les ingrédients du sirop à feu doux. Verser 250 ml d'eau et faire bouillir et réduire de moitié. ➤

5

Faire chauffer un peu de ghee restant dans une casserole, ajouter 60 ml de pâte et faire cuire jusqu'à l'apparition de bulles à la surface. Retourner et faire cuire de l'autre côté.

REMARQUES
❊

Cette pâte va épaissir en reposant ; si elle semble un peu trop liquide, la laisser reposer 15 minutes. Le ghee peut être remplacé par une quantité identique de beurre. Cependant, il ne s'agira plus d'un plat ayurvédique car le beurre possède des propriétés différentes de celles du ghee et n'en a pas les vertus médicinales.

	Servir les pancakes disposés en pile, les arroser de sirop de jaggery et d'un peu de yaourt nature, selon les goûts.	**ASTUCE**
6		Les pancakes peuvent être préparés à l'avance et réchauffées à four moyen (190 °C) ; les couvrir avant de les servir. Le sirop épaissit en refroidissant ; si nécessaire, ajouter quelques gouttes d'eau et le réchauffer doucement avant de le servir.

KULFI MANGUE & PISTACHE

Ayurvédique

POUR 4 PERSONNES • PRÉPARATION : 30 MINUTES + REFROIDISSEMENT, CONGÉLATION • CUISSON : 10 MINUTES

1 mangue
6 capsules de cardamome verte
410 ml de lait condensé
150 ml de crème liquide
2 cuillerées à soupe de sucre brut

1 ½ cuillerée à soupe d'amandes moulues
1 cuillerée à soupe de noix de coco râpée
30 g de pistaches, grossièrement hachées,
plus pour la décoration

1	Prélever la chair de la mangue, la mettre dans un mixeur ou un robot de cuisine et mixer pour avoir une consistance homogène.	2	Retirer les graines des capsules de cardamome et les moudre finement dans un mortier avec un pilon.	
3	Mélanger le lait, la crème, la cardamome et le sucre à feu doux jusqu'à ce que le sucre soit dissous. Faire bouillir et cuire 5 minutes.	4	Ajouter les amandes, la noix de coco et la purée de mangue puis mélanger. Laisser refroidir.	➢

| 5 | Incorporer les pistaches. Verser dans des moules et placer au congélateur pendant la nuit jusqu'à ce que le mélange soit ferme. |
Pour enlever les kulfis des moules, passer un couteau à lame lisse le long des bords, retourner les moules sur une planche et tapoter doucement dessus pour démouler. |

| 6 | Passer un torchon humide sur les moules pour faciliter le démoulage. Servir sur des assiettes et parsemer de pistaches. | **ASTUCE**
❋

Démouler les kulfis avant l'arrivée des invités puis les remettre au congélateur si nécessaire. Pour ajouter une touche festive, les décorer avec des feuilles argentées comestibles. On en trouve dans les épiceries indiennes. |

BISCUITS ÉPICÉS AUX AMANDES

⇾ POUR 16 BISCUITS • PRÉPARATION : 20 MINUTES • CUISSON : 25 MINUTES ⇽

125 g de farine
1 cuillerée à café de gingembre moulu
½ cuillerée à café de cardamome moulue
½ cuillerée à café de cannelle moulue
1 cuillerée à café de bicarbonate de soude

2 cuillerées à soupe d'amandes moulues
50 g de pistaches, hachées
200 g de jaggery finement râpé
ou de vergeoise
125 g de ghee, fondu

ASTUCE :
Le ghee peut être remplacé par une quantité
identique de beurre. Cependant, il ne s'agira
plus d'un plat ayurvédique car leurs propriétés et leurs vertus sont différentes.

1 2
3

1	Préchauffer le four à 160 °C. Tamiser la farine, les épices et le bicarbonate de soude au-dessus d'un récipient.	2	Incorporer les amandes moulues, la moitié des pistaches, le sucre et assez de ghee fondu pour former une pâte.
3	Façonner des boulettes avec des cuillerées à café bombées de pâte et les aplatir légèrement. Les recouvrir du reste de pistaches.	4	Disposer sur une plaque tapissée de papier sulfurisé et enfourner pour 20-25 minutes. Laisser refroidir les biscuits avant de les servir.

CRÈME AUX VERMICELLES

 Ayurvédique

❖ POUR 4 PERSONNES • PRÉPARATION : 15 MINUTES • CUISSON : 20 MINUTES ❖

1 cuillerée à soupe de ghee
2 capsules de cardamome verte, écrasées
100 g de vermicelles, cassés en morceaux
750 ml de lait non homogénéisé
1 pincée de filaments de safran
1 pincée de curcuma

2 c. à soupe d'amandes effilées, grillées
2 c. à soupe de graines de citrouille, grillées
30 g de raisins sultanines
2 c. à soupe de sucre brut, de jaggery
ou de vergeoise

ASTUCE :

Le ghee peut être remplacé par une quantité
identique de beurre. Cependant, il ne s'agira
plus d'un plat ayurvédique car leurs propriétés et leurs vertus sont différentes.

1 2
3 4

1	Faire chauffer le ghee dans une poêle et faire cuire la cardamome et les vermicelles jusqu'à ce que les vermicelles brunissent.	2	Mettre le lait, le safran et le curcuma dans une casserole et porter doucement à ébullition.
3	Ajouter les vermicelles, la moitié des amandes et des graines de citrouille, les raisins sultanines puis le sucre et faire cuire 5-10 minutes.	4	Servir dans des bols et parsemer du reste d'amandes effilées et de graines de citrouille.

GÂTEAU AU YAOURT ÉPICÉ

Ayurvedique

POUR 8–12 PERSONNES • PRÉPARATION : 20 MINUTES • CUISSON : 1 HEURE & 5 MINUTES

3 œufs, légèrement battus
250 g de sucre roux
150 g de ghee
250 ml de yaourt nature
225 g de farine
1 cuillerée à café de levure chimique
½ cuillerée à café de bicarbonate de soude
¼ de cuillerée à café de sel
1 cuillerée à café de cannelle moulue
½ cuillerée à café de cumin moulu
½ cuillerée à café de gingembre moulu
1 pincée de clou de girofle moulu

GARNITURE :

80 ml de crème épaisse
75 g de ghee
100 g de jaggery coupé en fins copeaux
50 g de copeaux de noix de coco
50 g d'amandes, hachées

1 2
3 4

1	Préchauffer le four à 160 °C. Graisser et fariner un moule à charnière de 24 cm. Battre les œufs et le sucre.	2	Incorporer le ghee et le yaourt puis mélanger.	
3	Tamiser la farine, la levure, le bicarbonate de soude, le sel et les épices, puis incorporer le tout dans le mélange aux œufs.	4	Verser la préparation dans le moule et faire cuire au four pendant 45 minutes.	➤

	Mélanger les ingrédients pour la garniture et les répartir sur le gâteau.	**REMARQUE**
5		Le ghee peut être remplacé par une quantité identique de beurre. Cependant, il ne s'agira plus d'un plat ayurvédique car le beurre possède des propriétés différentes de celles du ghee et n'en a pas les vertus médicinales.

| 6 | Poursuivre la cuisson pendant 20 minutes. Laisser refroidir dans le moule pendant 10 minutes avant de passer un couteau le long du bord pour détacher le gâteau avant de le démouler. Servir tiède avec du yaourt. | **ASTUCE**
❋
Ce gâteau se conserve dans un récipient hermétique jusqu'à 3 jours ; la garniture risque cependant de ramollir légèrement. |

MASALA CHAI

❖ POUR 1 LITRE • PRÉPARATION : 15 MINUTES • CUISSON : 15 MINUTES ❖

Ayurvedique

6 capsules de cardamome vertes, écrasées
6 grains de poivre noir
2 bâtons de cannelle, cassés en deux
4 clous de girofle
1 cuillerée à café de graines de fenouil
1 cuillerée à soupe de tranches de gin-

gembre frais ou 1 cuillerée à café
de gingembre frais, séché
2 cuillerées à café de thé assam ou 2 sachets
250 ml de lait non homogénéisé
2 cuillerées à soupe de jaggery râpé
ou de vergeoise

REMARQUE :
Le masala chai est un thé idéal pour l'hiver
car il réchauffe. Adapter les quantités
d'épices en été : réduire la cannelle et
supprimer le poivre et le gingembre, en les
remplaçant par des pétales de rose séchés.

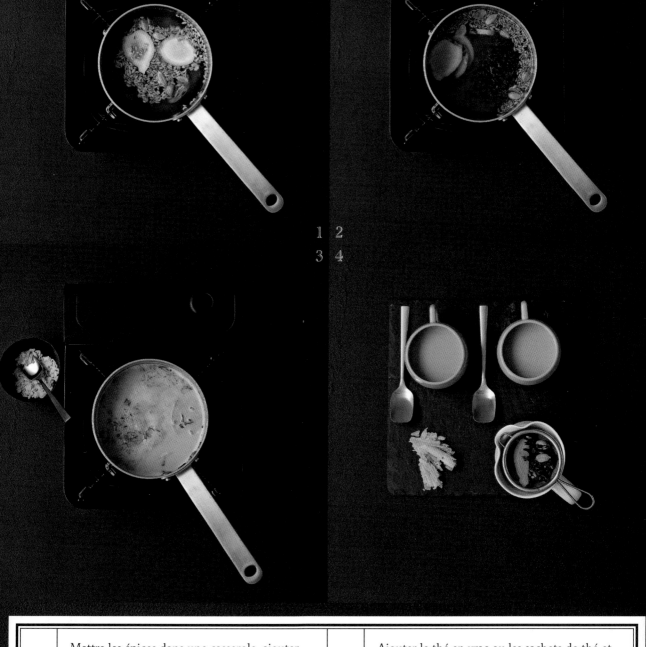

1	Mettre les épices dans une casserole, ajouter 750 ml d'eau et porter à ébullition. Baisser le feu et laisser mijoter pendant 5 minutes.	2	Ajouter le thé en vrac ou les sachets de thé et faire de nouveau bouillir.
3	Dès que le thé est à ébullition, ajouter le lait et le sucre et faire de nouveau bouillir. Baisser le feu et laisser mijoter 5 minutes.	4	Passer au tamis en réservant les épices et le thé – on peut les réutiliser jusqu'à 3 fois. Servir chaud.

LASSI BANANE + INFUSION VATA

❧ POUR 4 PERSONNES • PRÉPARATION : 15 MINUTES • CUISSON : 10 MINUTES ❧

Pour le **LASSI À LA BANANE**, mixer 250 ml de yaourt nature, 500 ml d'eau, 1 banane hachée, du sucre demerara selon les goûts et 1 cuillerée à café d'eau de rose jusqu'à ce que le mélange soit homogène et crémeux.

Pour l'infusion **VATA**, mettre 1 cuillerée à soupe de gingembre finement râpé, 1 bâton de cannelle, 4 clous de girofle, 1 cuillerée à café de graines de fenouil et 1 cuillerée à soupe de sucre demerara dans une casserole, puis y verser de l'eau bouillante. Laisser infuser 5 minutes.

INFUSION PITTA + KAPHA

Ayurvédique

❧ POUR 4 PERSONNES • PRÉPARATION : 15 MINUTES • CUISSON : 10 MINUTES ❧

Pour l'infusion **PITTA**, laisser infuser 5 minutes : 1 cuillerée à café de graines de fenouil, 1 cuillerée à café de graines de coriandre, 4 capsules de cardamome verte écrasées, 1 cuillerée à café de gingembre finement râpé, 2 cuillerées à soupe de feuilles de menthe en morceaux, 1 cuillerée à soupe de jaggery râpé (facultatif).

Pour l'infusion **KAPHA**, mettre 1 cuillerée à soupe de gingembre finement râpé, 1 cuillerée à café de graines de fenugrec, 4 clous de girofle, ¼ de cuillerée à café de curcuma et ¼ de cuillerée à café de graines de poivre noir dans une théière et y verser de l'eau bouillante. Laisser infuser 5 minutes.

ANNEXES

GLOSSAIRE

Ajwain – petites graines brunes possédant une saveur fraîche similaire à celle du thym, utilisées pour parfumer des plats de légumes et des pains plats salés.

Amchoor – poudre de mangue verte séchée ajoutant une touche acide à des currys et des plats de viande ou de poisson.

Asafoetida – également connue sous le nom de hing – épice à l'odeur forte qui confère aux plats un goût similaire à celui de l'ail.

Atta – type de farine complète le plus utilisé pour faire des naans, des pooriss et des chapatis. Elle est fabriquée à partir d'un genre de blé dur à haute teneur en gluten. Le gluten confère de l'élasticité, c'est donc une farine idéale pour faire des pains plats et fins.

Capsules de cardamome brune/noire – grosses graines brunes fripées d'environ 2 cm de long, ressemblant à des petites noix de muscade. On les ajoute entières dans des plats de viande, de poulet et de légumes dans le nord de l'Inde. Elles possèdent une délicieuse saveur fumée parfumée, mais doivent être utilisées avec parcimonie pour ne pas masquer le goût du plat. On ne peut pas les remplacer par des capsules de cardamome verte.

Capsules de cardamome verte – capsules vert vif de forme allongée, remplies de petites graines noires. Plus la couleur de la capsule est vive, meilleure sera l'épice. Écraser la capsule dans un mortier avec un pilon pour en libérer la saveur. La cardamome verte a un arôme puissant et est souvent utilisée dans des recettes sucrées.

Chaat masala – mélange d'épices utilisé pour parfumer des fruits et des plats de légumes ; on le saupoudre également sur des snacks appelés chaat en Inde.

Chana dhal – petits pois chiches bruns (chana) décortiqués. Les laisser tremper dans de l'eau avant emploi pour les attendrir. On peut alors les mixer et s'en servir pour épaissir des préparations ou lier des viandes hachées.

Dhal – nom donné aux haricots et légumineuses en Inde ; désigne également le plat cuisiné à base de légumineuses.

Farine de pois chiche – farine de couleur dorée à base de pois chiches moulus, à la saveur riche de noisette. Dans la cuisine indienne, on s'en sert pour faire des pâtes ou pour enrober des aliments avant de les frire. Elle épaissit en reposant ; si la pâte semble un peu liquide au départ, la laisser reposer pendant environ 15 minutes.

Feuilles de curry – petites feuilles vertes parfumées qui confèrent un parfum caractéristique de curry à des plats d'Inde du Sud. Les faire revenir dans un peu d'huile ; dans la mesure du possible, acheter des feuilles fraîches – elles peuvent être congelées.

Feuilles de fenugrec séchées (katsuri methi) – on les ajoute généralement vers la fin de la cuisson. Leur saveur légèrement amère est idéale pour contrebalancer les plats riches et crémeux. Les utiliser avec modération car elles peuvent masquer le goût du plat.

Ghee – beurre clarifié ; on l'obtient en chauffant le beurre pour enlever les éléments solides (caséine et petit lait). Le ghee peut être chauffé à très haute température sans brûler, contrairement au beurre. Il est très employé dans la cuisine indienne et ayurvédique. Selon la médecine ayurvédique, le ghee fait maison est extrêmement nutritif pour tous les doshas, mais les kaphas doivent le consommer avec modération.

Graines de moutarde noire – minuscules graines noires à la base de la plupart des plats du sud de l'Inde. Les faire cuire dans un peu d'huile chaude jusqu'à ce qu'elles éclatent. On les cuisine parfois dans un tarka (mélange d'épices) et on les ajoute sur un dhal en fin de cuisson.

Graines de nigelle – aussi connues sous le nom de graines de cumin noir – on ajoute ces minuscules graines noires pointues dans des pains ou des naans pour leur conférer un léger goût d'oignon.

Haricots mungo (mung dhal) – petits haricots de couleur verte et de forme ovale qui se dépouillent de leur peau en cuisant et prennent une texture crémeuse ; très courants dans les dhals et les soupes. C'est l'un des dhals les plus faciles à digérer ; il convient aux vatas, aux pittas et aux kaphas. Le laisser tremper avant de le cuire.

Haricots mungo décortiqués – de couleur dorée et légèrement plats. Parfaits pour préparer des dhals ou épaissir des soupes ; on les ajoute aussi dans des pâtes ou pâtes à frire. Il n'est pas nécessaire de les laisser tremper, et ils cuisent beaucoup plus rapidement que les autres dhals. À défaut, les remplacer par des lentilles corail ; le résultat ne sera cependant pas aussi onctueux.

Jaggery – sucre non raffiné généralement à base de canne à sucre. De nos jours, on le fabrique aussi parfois avec la sève du dattier ou du cocotier. Il est le plus souvent vendu sous la forme de blocs rectangulaires et peut être râpé ou coupé en copeaux. S'achète dans les épiceries asiatiques.

Kala chana – variété de pois chiches bruns la plus utilisée en Inde, à la délicieuse texture noisetée et crémeuse. On peut les cuire à la poêle et les servir en snack, ou bien les ajouter dans des currys, soupes et dhals. Ils sont aussi moulus pour faire de la farine de pois chiche, qui sert beaucoup à la préparation de pakoras (légumes enrobés de pâte puis frits) ou de pâtes à frire.

Kala namak – Sel minéral rose à l'odeur forte très répandu dans la cuisine indienne et ayurvédique. Il a une forte odeur sulfureuse et est très prisé pour sa haute teneur en minéraux – c'est un ingrédient essentiel du chaat masala.

Lait de coco – le lait ou la crème de coco s'achètent en boîte, mais on peut aussi trouver du lait de coco sous forme de poudre et le préparer soi-même. Le produit obtenu de cette façon est plus proche du lait de coco préparé en Inde.

Lentilles corail (masoor dhal) – on les trouve très facilement dans les supermarchés. Il n'est pas nécessaire de les laisser tremper avant de les cuire, et elles sont meilleures quand on les associe avec un autre dhal plus riche (haricots mungo décortiqués ou urad dhal) dans des dhals et des soupes.

Paneer – fromage frais à base de lait de vache caillé avec du jus de citron ou du vinaigre. Le lait caillé est égoutté dans une mousseline pour devenir du fromage. Sa texture est tendre, mais peut devenir assez ferme quand on le laisse reposer avec un poids dessus. Il possède un léger goût de lait et se conserve dans un récipient hermétique au réfrigérateur pendant 3-4 jours.

Piments verts – les piments verts indiens sont vert vif et assez forts ; pour adoucir le goût d'un plat, retirer les graines et les membranes blanches des piments.

Pois chiches – terme désignant les gros pois chiches couleur crème, probablement la seule variété de pois chiche connue des gens qui ne sont pas familiers avec la cuisine indienne. On s'en sert dans les plats indiens de style musulman comme le Chole, en les laissant tremper pendant la nuit avant de les cuire.

Poudre de piment – il en existe différentes sortes, de couleurs et d'intensités variées. La poudre de piment kashmiri est souvent employée dans la cuisine indienne car c'est la plus rouge, sans être la plus forte.

Poudre sambar – mélange d'épices comprenant de la farine de pois chiche. On s'en sert pour préparer une sauce épicée à base de légumes et de lentilles (sambar) qui accompagne du riz, et on peut l'intégrer dans des pâtes à frire (pour pakoras par exemple).

Rajma – nom donné à une variété de haricots rouges (kidney) mais aussi au plat qui en est constitué. Il faut les laisser tremper dans de l'eau froide pendant la nuit avant emploi.

Semoule – sa texture peut être fine ou moyenne – la première permet d'obtenir un porridge liquide, tandis que la seconde peut servir à la préparation du chow chow bath ou de l'upma.

Tamarin – un des principaux agents acides utilisés dans la cuisine indienne (avec le jus de citron). Prendre un morceau de pulpe de tamarin de la taille d'une noix et le mettre dans une carafe, verser 125 ml d'eau bouillante dessus puis remuer pour obtenir un liquide épais et pulpeux. Égoutter et presser la pulpe pour extraire tout le liquide. Réserver l'eau et jeter les graines et la pulpe.

Toor dhal (ou pois pigeon) – pois cassé de couleur dorée, légèrement plus grand que le chana dhal mais avec un goût et une couleur très semblables. Employé dans des soupes, sambars, dhals, currys et plats mijotés. Laisser tremper avant de faire cuire.

MENUS

~~~~~~~~~~~~~~~~~~~~~~~~~~~

DÎNER VÉGÉTARIEN

ENTRÉE
Mini-chaussons aux petits pois et à la coriandre 16

PLAT PRINCIPAL
Malai kofta 30
Haricots mungo à la noix de coco 34

Aubergines farcies à l'ail et au gingembre 25
Riz... 07

DESSERT
Halva aux carottes 78

DÎNER POISSON & FRUITS DE MER

ENTRÉE
Tikkis aux pommes de terre 15

PLAT PRINCIPAL
Poisson à la goanaise 54
Curry de crevettes 52

Okras farcis 29
Korma aux aubergines 35
Riz... 07

DESSERT
Crème aux vermicelles 82

DÎNER DE VIANDE 1

ENTRÉE
Samosas aux légumes et au paneer 12

PLAT PRINCIPAL
Gigot d'agneau épicé à l'indienne 38
Légumes rôtis à l'indienne 31

Parathas farcis 61

DESSERT
Biscuits épicés aux amandes 81

BOISSON
Masala chai... 84

DÎNER DE VIANDE 2

ENTRÉE
Brochettes de paneer et légumes 36

PLAT PRINCIPAL
Curry de dhal et bœuf Madras 44
Épinards et chou-fleur 37

Dhal aux épinards 18
Riz.. 07

DESSERT
Pancakes aux haricots mungo 79

MENUS AYURVÉDIQUES

Tous ces plats sont végétariens et conviennent aux vatas, pittas et kaphas.

AYURVÉDIQUE 1

PETIT DÉJEUNER
Chow chow bath 11

DÉJEUNER
Dhal aux épinards 18
Riz.. 07

DÎNER
Kichadi 64

DESSERT
Crème aux vermicelles 80

BOISSON
Masala chai ou infusions doshas .... 84 & 85

AYURVÉDIQUE 2

PETIT DÉJEUNER
Omelette au paneer 17

DÉJEUNER
Poha.. 14
Salade de chou 76

DÎNER
Rajma 21
Chapatis 59

DESSERT
Halva aux carottes 78

DÎNER D'HIVER

ENTRÉE
Soupe de carotte et noix de coco 10

PLAT PRINCIPAL
Parathas farcis 61
Aloo gobi 28

Chole.. 19

DESSERT
Gâteau au yaourt épicé 83

BOISSON
Masala chai....................................... 82

DÎNER D'ÉTÉ

ENTRÉE
Sambar à la courge butternut 09

PLAT PRINCIPAL
Légumes rôtis à l'indienne 31
Palak paneer.................................... 32

Chapatis 59

DESSERT
Kulfi à la mangue et pistache 80

BOISSON
Infusions doshas 85

AYURVÉDIQUE
COMMENT DÉTERMINER SON DOSHA

L'Ayurvéda est une médecine indienne traditionnelle née il y a plus de 5000 ans. C'est l'une des seules doctrines médicales qui traite la personne plutôt que la maladie. D'après la médecine ayurvédique, si une personne est malade cela signifie que son dosha n'est pas équilibré ; pour recouvrir la santé, il faut donc apprendre à équilibrer son dosha.

Selon l'Ayurvéda, l'univers est composé de cinq éléments : l'air, l'éther, l'eau, la terre, le feu. Ces éléments ont une influence sur nos capacités physiques et mentales. Notre corps est constitué de trois doshas – vata, pitta et kapha – c'est-à-dire des types physique/psychique. Les doshas sont composés des éléments vata – air et éther –, pitta – feu et eau – et kapha – terre et eau. La plupart des gens combinent deux doshas, il est très rare de n'en avoir qu'un seul. Dans un monde parfait, l'homme serait un équilibre entre ces trois éléments ; c'est ce vers quoi nous tendons.

Pour déterminer votre dosha, référez-vous au tableau ci-contre et cochez les cases qui vous caractérisent. Il est important de faire ce test deux fois. Dans un premier temps, parcourez le tableau et répondez aux questions en vous remémorant votre condition avant l'âge de 15 ans. Cela vous permettra de connaître votre « prakriti », dosha. Puis posez-vous les mêmes questions sur votre état actuel pour définir votre « vikriti », c'est-à-dire votre état de déséquilibre actuel. Une personne peut tout à fait avoir eu une ossature fine, des cheveux rouge flamboyant et de l'acné, et avoir été extrêmement ambitieuse jusqu'à l'âge de 40 ans (prakriti vata pitta). Mais les choses peuvent changer avec l'arrivée d'enfants, un travail sédentaire peu satisfaisant, un manque d'exercice, et provoquer alors un surpoids, une tendance asthmatique, etc. (le kapha – vikriti – est déséquilibré).

Les gens tiennent tellement à connaître leur dosha – qui ils sont – qu'ils en oublient leur vikriti. La plupart des Occidentaux ont vraisemblablement un vikriti vata dû à leur rythme de vie soutenu, à une forte consommation d'aliments crus ou légers, de bières ou de boissons gazeuses, et au temps excessif passé devant l'ordinateur ou la télévision.

L'Ayurvéda traite à la fois les conditions physiques, mentales et environnementales de la vie d'une personne mais, contrairement aux autres médecines, il n'appartient pas au docteur de vous guérir, mais à vous-même. Vous êtes le seul à pouvoir décider de ce que vous mettez dans votre bouche, de la façon dont vous passez votre temps et de l'endroit où vous travaillez et vivez. L'Ayurvéda est un mode de vie qui repose sur les éléments, elle prône une vie harmonieuse avec notre environnement et nous invite à prêter attention à la personne que nous sommes et à la façon dont nous nous sentons quand le temps change. Elle recommande la consommation de produits de saison, et nous encourage à trouver notre équilibre en nous-même et dans toutes nos actions.

J'espère que les informations suivantes vous seront utiles. Commencez doucement et ne vous inquiétez pas si vous ne suivez pas les instructions à la lettre ; faites de votre mieux. Photocopiez les tableaux d'alimentation et emmenez-les avec vous quand vous allez faire des courses. Faites des expériences avec les épices car elles sont très prisées dans la médecine ayurvédique. Le cumin facilite la digestion, le curcuma permet de guérir une petite blessure, sur le bras par exemple, la coriandre et la menthe ont des propriétés rafraîchissantes, la cardamome et la cannelle ont un effet chauffant, etc. Je vous recommande aussi vraiment le ghee – ô merveilleux ghee ! C'est une médecine des dieux qui pourra calmer vos enfants s'ils ont du mal à dormir, mais aussi apaiser votre anxiété : essayez ! Pour moi, cela a marché. Et n'oubliez pas le lait : de nos jours, de nombreuses personnes éprouvent une aversion pour ce produit formidable ; c'était aussi mon cas jusqu'à ce que j'apprenne qu'il fallait le faire chauffer et acheter du lait pasteurisé non homogénéisé – ainsi, il est plus facile à digérer. Faites l'expérience et voyez si cela fonctionne pour vous.

	VATA	PITTA	KAPHA
OSSATURE	Fine	Moyenne	Forte
POIDS	bas	Moyen	En surpoids
ONGLES	Secs, fragiles, durs, cassants	Roses, mous, fragiles, souples	Épais, forts, gras, polis
CHEVEUX	Noirs, bruns, emmêlés, fins, secs, frisés, cassants	Doux, gras, blonds, prématurément gris, roux, calvitie	Épais, gras, ondulés, clairs ou foncés
YEUX	Petits, ternes, secs, bruns, creux, nerveux	Perçants, pénétrants, verts, gris, jaunes, sensibles à la lumière	Grands, beaux, bleus, calmes, aimants
LÈVRES	Sèches, gercées, foncées	Rouges, enflées, jaunâtres	Lisses, grasses, pâles, blanchâtres
LANGUE	Craquelée, tremblante	Rose, jaune	Blanche
NEZ	Fin, crochu, pas droit	Fin, pointu, bout rouge	Large, bout rose
DENTS	En avant, grandes et de travers, gencives rétractées	De taille moyenne, gencives molles, jaunâtres	Très blanches
COU	Long, fin	Moyen	Épais
POITRINE	Plate, creuse	Moyenne	Large, ronde
VENTRE	Plat, mince, creux	Moyen	Gros, bedonnant
HANCHES	Étroites	Moyenne	Larges
ARTICULATIONS	Froides, craquantes	Moyennes	Larges, lubrifiées
PEAU	Sèche, rugueuse, froide, brune	Douce, grasse, jaune, claire, rouge, jaunâtre, chaude	Epaisse, grasse, fraîche, pâle, blanche
APPÉTIT	Variable, léger	Bon, très grand, énervement avec la faim	Lent mais régulier
GOÛT	Sucré, acide, salé	Sucré, amer, astringent	Piquant, amer, astringent
SOIF	Variable	Très importante	Légère, rare
SELLES	Irrégulière, formation de gaz	Rapide, cause de brûlures	Longue, formation de mucosités
	Sèches, dures, constipation	Molles, grasses, liquides	Epaisses, grasses, lourdes, molles
ACTIVITÉ PHYSIQUE	Très importante, hyperactivité	Moyenne	Apathique, sédentaire
TEMPÉRATURE	Fraîche	Chaude	Fraîche
POULS	Assez rapide	Modéré	Lent
TEMPÉRAMENT/ÉMOTIONS	Craintif, pas sûr de soi, imprévisible, anxieux, conciliant	Agressif, intelligent, irritable, colérique, jaloux, déterminé	Calme, lent, exigent, s'attache vite, loyal, possessif
CONTRÔLE DES ÉMOTIONS	S'énerve mais oublie rapidement	S'énerve, contient ses émotions	S'énerve peu, évite les disputes
CONCENTRATION	Difficultés de concentration	Intense	Méthodique
ACTIVITÉ MENTALE	Toujours active	Moyenne	Faible, lente
MÉMOIRE	Apprend mais oublie rapidement	Apprend rapidement	Apprend lentement, n'oublie jamais
ÉLOCUTION	Rapide, pas claire	Distincte, précise	Lente, monotone
SOMMEIL	Léger, entrecoupé, insomnie	Court mais profond	Long et profond
RÊVES	Rapides, actifs, nombreux, effrayants, voler, sauter, courir	Violence, colère, guerre	Eau, rivière, océan, lac, natation, neige, romance
FOI	Inconstante	Fanatique	Constante, repose sur l'amour
DÉPENSES	Pauvre, dépense rapidement, ne se souvient pas comment	Moyen, dépense pour des produits de luxe	Riche, économise, dépense pour la nourriture

KAPHA

Les individus à dominante kapha ont tendance à être corpulents et souffrent souvent de problèmes de poids quand ils sont en déséquilibre. Ils sont calmes, affectueux et compatissants, et possèdent une incroyable force intérieure. Les kaphas sont dotés d'une constitution solide et vivent généralement plus longtemps que les autres doshas.

Éléments qui dominent ce dosha – eau et terre

Éléments qui augmentent ce dosha – eau et terre

Éléments qui diminuent ce dosha – feu, air et éther

Goûts qui augmentent ce dosha – sucré, acide, salé

Goûts qui diminuent ce dosha – amer, piquant, astringent

Signes témoignant du déséquilibre de kapha – léthargie, paresse, difficulté à sortir de son lit après de bonnes nuits de sommeil, manque de motivation, dépression, rétention d'eau ; les kaphas commencent à se renfermer sur eux-mêmes et à s'isoler de leurs amis. Ils deviennent exigeants et collants. Ils mangent souvent trop ou mangent pour se sentir bien, particulièrement des aliments sucrés ou gras. Symptômes d'un déséquilibre : prise de poids, diabète, peau et cheveux gras, forte sensation de congestion dans la poitrine et les poumons, excès de mucosités, asthme, fringales de sucré, seins douloureux avant les règles, etc.

Habitudes et mode de vie qui déséquilibrent ce dosha – consommation excessive d'aliments sucrés (fruits compris), d'aliments froids, blancs et humides (glace, lait, yaourt en particulier), de produits laitiers, d'alcools, de boissons sucrées, excès à table (particulièrement le soir avant d'aller se coucher), surexposition à des environnements froids et humides, manque d'exercice, siestes pendant la journée, se coucher avec les cheveux mouillés, surconsommation de liquides, même d'eau ou de boissons chaudes, longues périodes d'inactivité.

Activités qui équilibrent ce dosha – exercices dynamiques, particulièrement le matin entre 6 heures et 10 heures, course à pied, cyclisme, aérobic et sports compétitifs. Apprendre, stimuler son esprit et faire varier sa routine quotidienne vous éviteront d'avoir l'impression d'être coincé et enlisé. Voyagez, liez de nouvelles amitiés, faites des rencontres, cela vous aidera à rompre votre routine. Prenez le repas principal à l'heure du déjeuner.

Siège de kapha dans le corps – poitrine, poumons, gorge, tête, sinus, nez, bouche et langue, os, plasma, muqueuse – c'est là que le kapha se fait le plus sentir quand il est en déséquilibre.

Période de la journée – entre 6 heures et 10 heures du matin et du soir : période pendant laquelle le kapha est le plus présent dans le corps et l'esprit.

Période de l'année – hiver : période pendant laquelle le kapha peut le plus augmenter dans le corps.

Période de la vie – de 0 à 13 ans : période pendant laquelle le kapha est le plus présent dans le corps.

Responsable de – compassion, loyauté, patience, pardon, structure corporelle (os, muscles, tendons, ligaments) et stabilité, lubrification, protection, force, fermeté du corps, régulation des sécrétions corporelles, stabilité et mémoire à long terme.

CARACTÉRISTIQUES DES INDIVIDUS DE CONSTITUTION KAPHA ET MANIFESTATION DANS LE CORPS

Lourd – les kaphas ont des os lourds et une carrure solide, des muscles massifs, et sont parfois en surpoids ; leur voix est calme et profonde, et ils sont généralement assez bien dans leur tête et dans leur corps.

Lent – ils peuvent avoir des réactions lentes, ils marchent et parlent lentement, et seulement après s'être laissés le temps de réfléchir à ce qu'ils allaient dire. Leur métabolisme est également lent.

Froid – leur peau est froide et moite, ils attrapent souvent des rhumes ou sont congestionnés ; ils sont attirés par les aliments sucrés froids.

Gras – leur peau, leurs cheveux et leurs matières fécales sont grasses et leurs articulations sont lubrifiées.

Liquide – ils sont souvent sujets à la rétention d'eau, à la congestion des voies respiratoires, du nez et de la gorge, et à un excès de mucosités ; ceci est visible chez les jeunes enfants dont le nez coule souvent.

Lisse – ils ont la peau lisse et pâle, et sont d'une nature facile et calme.

Dense – leurs cheveux, ongles, peau et muscles sont épais.

Doux – ils ont des yeux doux et une nature douce très affectueuse, qui les rend très enclins à pardonner.

Statique – ils aiment rester assis et dormir longtemps.

Collante – ils peuvent avoir tendance à s'attacher très rapidement aux choses auxquelles ils tiennent.

Confus – leur esprit est souvent embrumé le matin, ils mettent du temps à comprendre les choses.

Ferme – ils ont des muscles durs et une force aussi bien mentale que physique.

Gros – ils peuvent souffrir d'obstruction et d'obésité.

Sucré – ils ont une nature douce et sont attirés par les aliments sucrés qui peuvent causer un déséquilibre.

Salé – le goût salé facilite la digestion, mais une consommation excessive peut provoquer de la rétention d'eau, répandue chez les kaphas.

Blanc – ils ont un teint pâle et adorent les aliments blancs, en particulier les produits laitiers ; ils ont souvent des mucosités blanches et leur langue est recouverte de blanc quand ils sont en déséquilibre.

TABLEAU D'ALIMENTATION KAPHA

ALIMENTS	À PRIVILÉGIER	À ÉVITER
FRUITS	Abricots, baies, cerises, citrons*, citrons verts*, coings, fruits secs, figues (séchées), fraises*, grenades, kakis, kiwis, mandarines*, mangues*, oranges*, pêches, poires, pommes, raisins, raisins secs, tamarin*	**Fruits très sucrés, acides ou à forte teneur en eau :** Ananas, avocats, bananes, canneberges, corossoles, dattes, figues (fraîches), melons, noix de coco, pamplemousse, papayes, pastèques, prunes, rhubarbe
LÉGUMES	**Légumes forts en goût et amers :** asperges, aubergines, betteraves, brocolis, carottes, céleri, champignons, choux, courges (hiver), épinards*, graines germées, haricots verts, légumes verts, légumes-feuilles, maïs, oignons, petits pois, poivrons, pommes de terre, tomates (cuites)	**Légumes sucrés et juteux :** Citrouille, courgettes, concombres, courges (été), olives (noires ou vertes), panais#, patates douces, tomates (crues)
CÉRÉALES	Amarante*, avoine (sèche), blé noir, maïs, millet, muesli, orge, son, quinoa	Pain (levain), avoine (cuite), pâtes#, riz (basmati), riz (brun, blanc), gâteau de riz#, seigle, blé
LEGUMINEUSES	Haricots blancs (petits), mungo*, noirs, pinto, lait de soja, lentilles, petits pois (secs), pois chiches, tempeh, tofu (chaud)	Fromage végétal, haricots de soja, haricots rouges, miso, sauce soja, tofu (froid)
PRODUITS LAITIERS	Babeurre*, chèvre (non salé et non affiné), fromage cottage*, ghee, lait de chèvre (écrémé), yaourt	Beurre (doux)*, beurre (salé), crème aigre, fromages (la plupart), glace, lait de vache, yaourt (nature avec des fruits, ou glacé) ; limitez les produits laitiers, et si vous voulez en manger, optez pour des produits allégés en matières grasses.
FRUITS & GRAINES	Graines de citrouille*, de lin*, de tournesol*	Amandes#, autres fruits à coque, noix de coco#, psyllium#,
VIANDE, POISSON, ŒUFS	Crevettes, dinde (blanc), lapin, œufs (pas au plat), poisson (d'eau douce), poulet (blanc), venaison	Agneau, bœuf, dinde (blanc), mouton, poisson (de mer), poulet (tout sauf le blanc), porc, venaison
ÉDULCORANTS	Jus de fruits concentrés, miel naturel – une cuillerée à soupe par jour est bénéfique pour le kapha – ne la faites pas chauffer	Malt d'orge, mélasses, sirop d'érable, sucre blanc, sucre naturel
ÉPICES	Épices fortes, amères et astringentes sont bonnes pour les kaphas, en particulier : asafoetifa, curcuma, gingembre, graines de moutarde (noires et jaunes) et poudre de piment (Cayenne)	Sel
CONDIMENTS	Algues*, échalotes, moutarde, piments, poivre noir, raifort	Chocolat, citron vert, mayonnaise, pickles, sel, vinaigre
HUILES	**Pour un usage interne et externe, à utiliser en petite quantité :** Canola, maïs, sésame, tournesol	Les huiles ne sont pas toutes conseillées. Utilisez des petites quantités d'huile d'olive vierge extra, de ghee, d'huile de moutarde et d'huile de carthame
BOISSONS	Alcool (vin blanc)*, café en grains, caroube, jus d'ananas*, jus de canneberge, jus de grenade, jus de pomme/cidre*, jus de pruneau, jus de raisin, lait de soja (chaud et bien épicé)	Alcool (bièreS, alcools forts, vins sucrés), boissons caféinées#, boissons glacées, jus de pamplemousse, jus d'orange, jus de tomate, lait chocolaté, lait d'amande, lait de riz, thé glacé,
THÉS ET INFUSIONS	Infusions (recette 85), camomille, cannelle, fenouil, infusion kapha (recette 83), menthe poivrée, thé noir (bien épicé), yerba mate ; buvez pendant la journée pour pacifier le kapha ; 2 tasses de thé au gingembre par jour stimule la digestion.	Cynorrhodon#, guimauve, réglisse*,

Légende : * – avec moderation ; # – de temps en temps

PITTA

Les individus à dominante pitta sont gouvernés par l'élément du feu, qui crée de la chaleur dans le corps et est responsable du métabolisme, de la transformation et du traitement de toutes les pensées, émotions, perceptions sensorielles, ainsi que de ce que nous mangeons. Le pitta est également en charge de l'entretien du feu digestif (agni). Si notre feu digestif est faible, nous souffrirons de problèmes de digestion et de brûlure d'estomac, de reflux et d'indigestion. Les individus pitta ont un esprit et une langue vifs et acérés, une ossature moyenne et généralement un poids plus stable que les autres doshas.

Éléments qui dominent ce dosha – feu et eau
Élément qui augmentent ce dosha – feu
Éléments qui diminuent ce dosha – air, eau, terre
Goûts qui augmentent ce dosha – salé, acide, piquant
Goûts qui diminuent ce dosha – sucré, amer, astringent
Signes témoignant du déséquilibre du pitta – irritabilité, impatience, colère, s'impose, agressivité, irritations de la peau, brûlures d'estomac, reflux, ulcères peptiques, maux de tête, problème d'yeux, chute de cheveux, grisonnement prématuré des cheveux, bouffées de chaleur, selles grasses et liquides, réveils pendant la nuit et difficultés à se rendormir, transpiration excessive, acné, yeux rouges, règles abondantes, gros caillots et très grosse faim avant les règles.
Habitudes et mode de vie qui déséquilibrent ce dosha – trop grande consommation d'aliments très épicés, piquants, salés et acides, de viandes, d'alcool, suranalyse, surmenage, surexposition à la chaleur et au soleil, pression du temps, urgences, conversations intenses, se pousser trop loin, traumatisme émotionnel, intériorisation des émotions, sauter des repas ou jeûner, exercice au soleil en pleine journée en été, ne pas se rincer après une baignade dans la mer en été.
Activités qui équilibrent ce dosha – manger quand on a faim et non quand on est affamé, exercices doux et apaisants, passer du temps dans la nature, être dans l'eau, se promener au clair de lune, yoga, danse, sports de marche non compétitifs, natation, jardinage, écriture, massage rafraîchissant à l'huile de coco, méditation, expression des émotions, se coucher avant 22 heures, ne pas s'énerver, consommation de thés aux herbes rafraîchissantes.
Siège du pitta dans le corps – yeux, peau, estomac, intestin grêle, glandes sudoripares, sang, graisse – c'est là que le pitta se fait le plus sentir quand il est en déséquilibre.
Période de la journée – de 10 heures à 2 heures du matin et du soir – période pendant laquelle le pitta est le plus présent dans le corps et l'esprit.
Période de l'année – été : période pendant laquelle le pitta peut le plus augmenter dans le corps.
Période de la vie – 13-50 ans : période pendant laquelle le pitta est le plus présent dans le corps.
Responsable de – régulation de la chaleur corporelle par le métabolisme de la nourriture, appétit, production d'énergie, vitalité, ambition, confiance, courage, apprentissage, compréhension, faim et soif, éclat des yeux et de la peau, reconnaissance, discrimination et raisonnement.

CARACTÉRISTIQUES DES INDIVIDUS DE CONSTITUTION PITTA ET MANIFESTATION DANS LE CORPS

Chaud – les individus pitta ont un feu digestif puissant, ce qui signifie qu'ils peuvent manger beaucoup et souvent ; ils ont tendance à s'énerver s'ils se retiennent de manger quand ils ont faim. Ils ont généralement une température corporelle plus élevée que les autres doshas et peuvent devenir très agités quand il fait chaud.

Aiguisé – ils ont souvent des dents pointues et aiguisées qui encadrent les dents de devant, ainsi que des yeux perçants. Leurs traits sont forts et marqués, et assez anguleux. Leur esprit est vif et très acéré, ils ont la chance d'avoir une très bonne mémoire, mais leurs paroles sont parfois cinglantes. Ils travaillent généralement de façon irrégulière, et peuvent devenir irritables s'ils travaillent trop. Les douleurs qu'ils éprouvent sont généralement violentes et intenses.

Léger/clair – ils ont généralement une carrure moyenne/légère étant donné que le pitta gouverne les yeux, ils peuvent aussi souffrir d'une intolérance aux lumières intenses. Leur peau est claire et brillante.

Liquide – leurs déchets en témoignent : selles grasses, claires et liquides, sudation et urination excessive. Les pittas ont généralement une soif plus importante que les autres doshas.

Étendu – éruptions cutanées, acné, inflammation, chaleur se déplaçant dans le corps. Les pittas aiment être connus et voudraient que leur nom fasse le tour du monde.

Graisseux – ils ont une peau et des cheveux doux et gras. Ils ont parfois des difficultés à digérer les aliments frits.

Aigre – ils peuvent souffrir d'aigreurs d'estomac, de reflux plus marqués et d'une salivation excessive.

Piquant – ils sont sujets à des brûlures d'estomac, des sensations de brûlures fortes aussi bien physiques que mentales. Leur corps peut émettre une odeur forte – bouche, aisselles ou selles.

Amer – ils peuvent ressentir un goût amer dans la bouche après un échange enflammé. Ils ont souvent une aversion pour les saveurs amères. Ils peuvent devenir aigris si les choses ne se passent pas comme ils le souhaitent

Rouge – ils ont souvent des cheveux roux flamboyant, une peau, un nez et des joues qui rougissent facilement. La couleur rouge augmente ce dosha.

ALIMENTS	À PRIVILÉGIER	À ÉVITER
FRUITS	Fruits sucrés, ananas (sucrés), avocats, baies (sucrées), baies de goji, citrons*, citrons verts*, coings*, figues (fraîches), fraises*, grenades, kiwis*, mangues, melons, noix de coco, oranges, poires, pommes, prunes, pruneaux, raisins (noirs), raisins secs, tamarin*, pastèque	Baies (acides), bananes, canneberges, corossoles, kakis, pamplemousses, papayes, pêches, raisins (blancs), rhubarbe
LÉGUMES	**Légumes sucrés et amers :** Artichauts, asperges, betteraves (cuites), brocolis, choux de Bruxelles, carottes (cuites)*, céleri*, champignons, chou, chou cavalier, chou-fleur, chou frisé, chou-rave*, concombres, courges d'hiver (acorn, butternut, spaghetti), courgettes, cresson, cresson de terre, daikon*, endives, épinards (cuits*, crus#), gombos, graines germées, haricots verts, laitue, légumes-feuilles, maïs#, panais, patates douces, petits pois, pissenlit, poireaux*, poivrons, pommes de terre, radicchio, roquette, spiruline, topinambours	Ail, aubergines#, betteraves (crues), blettes, navets, oignons (cru), piments, racines de taro, radis, raifort, tomates
CÉRÉALES	Amarante*, avoine (cuite), blé, boulgour*, semoule*, farine blanche non blanchie, farine complète, farine d'orge*, galettes de riz, muesli, nouilles udon*, orge, pâtes (blé complet*), riz (basmati complet ou blanc), riz (blanc), riz (complet, à grains moyens)*, riz (sushi)*, son	Avoine (sèche), blé noir, maïs, millet, pain (levain), quinoa, riz (en quantité excessive), seigle
LÉGUMINEUSES	Cornilles, fromage végétal, haricot aduki, blancs (petits) de Lima, de soja, mungo (entiers ou cassés), noirs, pinto, rouges, lait de soja, lentilles (sauf corail), pois cassés (verts ou jaunes), pois chiches, tempeh*, tofu, urad dhal*	Lentilles (corail), toor dhal
PRODUITS LAITIERS	Beurre (doux), fromage (frais, mou mais pas affiné), fromage cottage, ghee, glace*, lait de chèvre, lait de vache (non homogénéisé), yaourt (frais et dilué avec un peu d'eau)*, yaourt (sucré)	Babeurre, beurre (salé), chèvre, crème aigre, feta*, fromage (à pâte dure), labneh, parmesan, yaourt (nature avec des fruits, aux fruits, glacé)
FRUITS & GRAINES	Amandes (après trempage d'une nuit), graines de citrouille*, de lin, de tournesol, noix de coco, psyllium	Fruits à coque, graines de sésame (blanches et noires), tahini
VIANDES, POISSONS	Crevettes*, lapin, poisson (d'eau douce), poulet (blanc), œufs (blanc), dinde (blanc), venaison	Agneau, bœuf, dinde (tout sauf le blanc), mouton, poisson (mer), porc, poulet (tout sauf le blanc)
ÉDULCORANTS	Amasake* (lait de riz), dattes, fructose, jaggery, jus de fruits concentrés, miel*, malt d'orge, sirop d'érable, de riz, de riz complet non raffiné*, sucre de canne complet, demerara, roux	Édulcorants de synthèse, mélasses, sucre blanc
HERBES, ÉPICES, ASSAISONNE-MENTS	Aneth (frais), basilic (frais*), cannelle*, cardamome, carvi*, coriandre (fraîche et séchée), cumin, curcuma, fenouil, feuilles de curry, garam masala*, gingembre (frais)*, graines d'aneth*, kudzu, menthe, menthe poivrée, muscade*, persil*, safran, tamarin*, vanille*	Ail, ajowan, amchoor (poudre de mangue), anis, asafoetida (hing), clous de girofle, fenugrec, feuille de laurier, gingembre (sec), graines de moutarde, marjolaine, miso, muscade, origan, paprika, pippali (poivre long), poivre de Cayenne, de la Jamaïque, noir*, poudre de piment, romarin, sauge, thym
CONDIMENTS	Algues* (laisser tremper et rincer avant emploi), chutney – noix de coco, mangue –, citron vert*, coriandre (fraîche hachée), eau de rose, gingembre (mariné sucré*), gomashio (doux#), fines herbes*, menthe (hachée), mirin*, noix de coco (râpé, lait), olives*, riz complet, sel gemme*, sel de mer*, tamarin*, vinaigre	Chocolat, choucroute, gomashio, ketchup, mayonnaise (commerce), miso, moutarde, pickles (acides), piments, sauce soja, sel (iodé), vinaigre
HUILES	**Pour usage interne et externe :** canola, ghee, haricots de soja, noix de coco, olive (externe), tournesol	Abricots, amandes, avocats#, carthame, graisses animales ou lard, huiles de fruits à coque, maïs, mélange d'huiles végétales
BOISSONS	Alcool (bière, vin blanc sec)#, eau de coco caroube, jus d'abricot, jus d'aloe vera, jus de carotte*, jus de baies (sucrées), jus de grenade, jus de mangue, jus de pêche, jus de poire, jus de pomme, jus de pruneau, jus de raisin, jus d'orange*, lait d'amande*, lait de coco, lait de riz, lait de soja*, lait de vache, lassi*, pissenlit	Alcool (alcools forts, vin rouge), boissons caféinées, lait chocolaté, jus de canneberge, jus de pamplemousse, thé glacé, boissons glacées, limonade, jus d'ananas, jus de tomate
INFUSIONS	**Pour usage interne et externe :** Boire des infusions (recette 85) pendant la journée, bancha, camomille, cannelle*, cardamome*, églantine, fenouil, feuille de framboisier, gingembre (frais), guimauve, hibiscus*, jasmin, lavande, luzerne*, mélisse, menthe, mûres, orge, réglisse, safran	Ajowan*, barbes de maïs, clous de girofle, eucalyptus, gingembre (sec), ginseng, menthe pouliot, sauge, sassafras

Légende : * avec modération ; # de temps en temps

VATA

Les individus à dominante vata ont généralement une carrure fine et légère, ils pensent rapidement et sont souvent très nerveux. Ils sont sensibles au vent et au froid, il est donc important qu'ils restent au chaud, adoptent une routine et se nourrissent avec des aliments cuits et chauds. Le dosha vata est responsable du mouvement et de l'élimination des déchets du corps. Le vata a une influence sur les autres doshas car il est responsable du mouvement et de toutes les autres fonctions du corps qui en ont besoin pour fonctionner.

Éléments qui dominent ce dosha – air et éther
Éléments qui augmentent ce dosha – air et éther
Éléments qui diminuent ce dosha – terre, feu et eau
Goûts qui augmentent ce dosha – amer, piquant, astringent
Goûts qui diminuent ce dosha – sucré, acide, salé
Signes témoignant du déséquilibre du vata – gaz, constipation, anxiété, perte de poids, agitation, hypertension, arthrite, peau et lèvres sèches et crevassées, incapacité à se concentrer et à rester assis, insomnie, inquiétude, cuir chevelu sec et pellicules, problème de mémoire à court terme.
Habitudes et mode de vie qui déséquilibrent ce vata – trop grande consommation d'aliments et de boissons glacées, d'aliments crus (comme les salades, surtout pendant les mois plus froids), repas irréguliers ou sautés, voyages trop nombreux, exposition au froid et au vent, manque de sommeil et de routine, stress, trop de temps passé devant l'ordinateur et la télévision, pense trop, parle trop.
Activités qui équilibrent ce dosha – exercice apaisant – yoga, qi gong, danse, golf, marche, natation, musique reposante, jardinage, poterie, cuisine, massage, méditation, routine.
Siège de vata dans le corps – système nerveux, esprit, vessie, taille, pied, os, colon – endroits où le vata se fait le plus sentir quand il est en déséquilibre.
Période de la journée – entre 2 heures et 6 heures du matin et du soir : période pendant laquelle le vata est le plus présent dans le corps et l'esprit.
Période de l'année – automne et fin du printemps : période pendant laquelle le vata peut être le plus augmenter dans le corps.
Période de la vie – 50 ans + : période pendant laquelle le vata est le plus présent dans le corps.
Responsable de – joie, bonheur, créativité, parole, éternuement, inspiration et expiration, enthousiasme, circulation, digestion/péristaltisme, accouchement, battement du cœur, réflexes, larmes, expression des émotions, mouvement et élimination.

CARACTÉRISTIQUES DES INDIVIDUS DE CONSTITUTION VATA ET MANIFESTATION DANS LE CORPS

Froid – ils ont les mains et les pieds froids. Ils évitent généralement les températures fraîches et aiment les climats chauds. Ils ont une mauvaise circulation et souffrent parfois de raideurs et d'os froids.

Sec – la sécheresse est le principal problème des vatas. Leurs lèvres, leur langue, leur peau et leurs cheveux sont souvent secs, et leur voix enrouée. La sécheresse dans le colon provoque de la constipation.

Léger – ils sont généralement légers et ont des muscles et des os fins. Ils ont le sommeil léger et se réveillent facilement s'ils sont dérangés par un peu de bruit.

Rugueux – leur rugosité se manifeste sur le corps par une peau et des ongles crevassés, des fourches, des dents fendues et des articulations qui craquent.

Imperceptible – ils souffrent d'une anxiété latente imperceptible, de peurs et d'un manque de confiance en eux. Ils ont la chair de poule, des contractions musculaires et des frissons.

Mobile – les vatas ne tiennent pas en place, ils marchent et parlent vite et réussissent généralement très bien pour faire plusieurs choses à la fois. Ils sont doués pour gagner de l'argent mais aussi pour le dépenser. Leurs yeux sont sans cesse en mouvement quand ils parlent, souvent avec les mains, tout en bougeant les jambes. Ils adorent voyager et il leur est difficile de rester trop longtemps au même endroit. Leur humeur change en permanence, tout comme leur foi et leurs pensées. Ils aiment le changement et le provoque.

Clair – ils ont une capacité de clairvoyance, liée à l'élément éther. Ils comprennent facilement mais oublient brusquement, et ont souvent un profond sentiment de solitude.

Astringent – ils peuvent souffrir d'une sensation d'étouffement dans la gorge, et ont souvent le hoquet ou des renvois. Ils aiment les aliments gras, sucrés et salés.

Foncé – ils ont généralement le teint foncé, les cheveux noirs et des petits yeux sombres.

TABLEAU D'ALIMENTATION VATA

ALIMENTS	À PRIVILÉGIER	À ÉVITER
FRUITS LES CONSOMMER FRAIS ET QUAND ILS SONT DE SAISON	Fruits sucrés, abricots, ananas, avocats, baies, bananes, cerises, citrons/citrons verts, corossoles, dattes, figues (fraîches), fraises, kiwis, mandarines, mangues, melons (sucrés), noix de coco, oranges, pamplemousses, papayes, pêches, prunes, raisins, raisins secs (trempés), rhubarbe, tamarin	Fruits secs, canneberges, coings, grenades, kakis, pastèques, poires, pommes, pruneaux
LÉGUMES	Légumes cuits, artichauts, asperges, betteraves, bok choy, carottes, citrouilles, concombres, courges, courgettes, cresson, daikon (mooli), feuilles de fenugrec, feuilles de moutarde, haricots verts, okras, olives, panais, patates douces, poireaux, radis, raifort, rutabagas	Légumes surgelés, secs et crus, aubergines, brocolis, champignons, céleri, choux, épinards, feuilles de betterave, graines germées, légumes-feuilles, laitue, maïs, navais, oignons (crus), persil, petits pois, poivrons, pommes de terre, racine de bardane, tomates, topinambours
CÉRÉALES	Amarante, avoine (cuite), blé, boulgour, farine blanche non blanchie, farine complète, farine de riz, riz (toutes variétés)	Céréales soufflées sèches froides, avoine (sèche), blé noir, galettes de riz, maïs, millet, muesli, orge, quinoa, son d'avoine
LÉGUMINEUSES	Fromage végétal, haricots aduki, haricots mungo, lait de soja, lentilles corail, lentilles noires, tofu, toor dhal	Chana dhal, cornilles, farine de soja, haricots de Lima, haricots blancs (petits), haricots de soja, noirs, pinto, rouges, lentilles, pois chiches, pois cassés, tempeh
PRODUITS LAITIERS	La plupart des produits laitiers conviennent ; babeurre, beurre, crème aigre, fromage (à pâte dure), fromage (frais), ghee, lait de chèvre, lait de vache (bio non homogénéisé, cru), yaourt	Glace#, lait de chèvre (en poudre), lait de vache (en poudre), yaourt (nature avec des fruits ou glacé)
FRUITS & GRAINES	Amandes, cacahuètes#, châtaignes, graines de citrouille, graines de lin, graines de tournesol, graines de sésame, noisettes, noix, noix de cajou, noix de coco, noix de macadamia, noix de pécan, noix du Brésil, pignons de pin, pistaches	Psyllium #
VIANDES, POISSONS	Bœuf#, canard et œufs de canard, crevettes, dinde (tout sauf le blanc), œufs, poissons, poulet (tout sauf le blanc)	Agneau, lapin, porc, venaison
ÉDULCORANTS	Dattes, fructose, jaggery, jus de canne à sucre, jus de fruits concentrés, miel, sirop d'érable, de malt, d'orge, de riz complet, sucre de palme, brut, de canne complet, roux (non raffiné)	Édulcorants de synthèse, miel (cuit), sucre blanc
HERBES, ÉPICES ET ASSAISONNE- MENTS	Ail, amchoor, aneth, anis, asafoetida, basilic, cannelle, cardamome, carvi, clou de girofle, coriandre, cumin, curcuma, curry en poudre, eau de rose, estragon, étoile d'anis, extrait d'amande, fenouil, fenugrec*, feuilles de laurier, garam masala, gingembre, graines de moutarde, macis, menthe poivrée, noix de muscade, origan, paprika, piment, pippali, poivre noir, romarin, safran, sarriette, sauge, tamarin, thym, vanille	Ail (cru), feuilles de curry
CONDIMENTS	Algues, citrons, citrons verts, mayonnaise, moutarde, pickles, piments*, sel, vinaigre	Chocolat, raifort
HUILES	**Pour usage interne et externe :** ghee, olive, sésame	Lin
BOISSONS	Alcool (bière, vin blanc*), caroube*, café en grains, jus d'ananas, jus de raisin, jus d'orange, lait de soja (épicé et chaud), limonade	Alcool (fort, rouge), boissons caféinées, boissons glacées, jus de canneberge, jus de pomme, jus de pruneau*, jus de tomate*, lait chocolaté, lait de soja (froid), thé glacé
THÉS & INFUSIONS	Infusions pendant la journée, bancha, basilic, cannelle*, églantine, fenouil, gingembre, menthe poivrée, réglisse	Ginseng, ortie*, pissenlit, trèfle rouge, yerba mate

Légende : * avec modération ; # de temps en temps

INDEX

REMERCIEMENTS

Ce livre tient une place particulière pour moi car il m'a permis de combiner mes passions et de les retranscrire sur papier. J'ai étudié l'Ayurvéda pendant de nombreuses années, et, avec le yoga, c'est le fondement de ma vie. Elle me permet de savoir ce qu'il faut faire pour que mon esprit, mon corps et mon âme restent en équilibre. Ce n'est pas toujours évident mais je fais de mon mieux.

Dans le cadre de mes recherches, je suis allée en Inde et j'ai passé du temps avec deux femmes extraordinaires, sans lesquelles ce livre n'aurait pas vu le jour. Tina Sassoon – ma chère amie, généreuse, gentille, créative, mère nourricière qui fait le bonheur de milliers d'estomacs de yogis dans sa maison de Gokalum près de Mysore, en Inde ; merci 1000 fois de m'avoir transmis ton savoir. Et merci à Mani Uma, douce, gentille, compatissante et savante, maître d'Ayurvéda à la retraite de Satsanga à Goa, véritable kapha. Ses connaissances sur la médecine ayurvédique lui viennent de son père, et cela a été une grande joie pour moi de passer des journées avec elle dans la cuisine à apprendre et à compiler une sélection de délicieuses recettes. Je remercie aussi Miffi de m'avoir présentée à Mani ; Jodie et Olaf d'avoir rendu mon séjour si agréable ; et à Mish Lucia d'avoir partagé une partie de ce voyage épique et mémorable avec moi.

Je tiens aussi à remercier le Dr Ajid, mon roc, mon inspiration, mon guide et mon ami, directeur de l'Institut australasiatique des études ayurvédiques, qui enseigne sa science avec passion, discipline, précision et gentillesse. Et encore une fois, ce projet n'aurait pas pu être mené à bien sans le soutien d'un groupe de personnes géniales en Australie. Il ne me serait pas possible de voyager autour du monde pour mon travail si mes proches n'assuraient pas le relais à la maison. Kawika Boyce, tu es un homme en or et jamais je ne pourrai assez te remercier de t'occuper si bien de ma chienne chérie Pridey. Annie Mas, ma magnifique sœur, merci de trier mon courrier et de faire toutes ces choses qui ne s'arrêtent malheureusement pas de tourner quand je quitte le pays.

Merci à tous ceux qui travaillent avec moi : Catie Ziller, ma géniale éditrice, Kathy Steer, mon éditrice toujours là pour me soutenir, Alice Chadwick, designer élégante et discrète ; et ceux qui ont sué sang et eau dans la cuisine à mes côtés : Penellie Grieve, quelle chance d'avoir pu tester ce livre avec quelqu'un qui m'est si cher ; Kirsten Jenkins, ma talentueuse, efficace, drôle et fidèle économiste ménagère, qui aime tant ce qu'elle cuisine pour le shooting ; James Lyndsay, mon très cool photographe, c'était un plaisir de travailler avec toi et d'apprendre à te connaître. Enfin, merci infiniment à Sarah Tildeseley, ma belle amie qui me permet de vivre, manger, travailler et dormir dans sa confortable maison ensoleillée.

Références

Ayurveda and you, Vasant Lad; Course notes Cert iv, Dr Ajit; Ayurveda and self healing, Ayurveda Textbook, Vasant lad David Frawley Maya Tiwari – A life in Balance; Vasant D Lad – A text book of Ayurveda – Fundamental principles Volume One; Vasant D Lad – Ayurveda – The science of self healing; Dr David Frawley – Ayurvedic healing – a comprehensive guide; Dr Robert Svoboda – Prakriti – Your Ayurvedic constititution; Dr Ajit – Course Notes Cert 1V Ayurvedic Lifestyle consutant course – Australasian Institute Ayurvedic Studies

Assistante styliste: Kirsten Jenkins
Mise en page : Alice Chadwick
Suivi d'édition : Kathy Steer
Traduction de Constance de Mascureau
Suivi de l'édition française : Aurélie Legay

ISBN 978-2-501-06422-4
4051744-02
Dépôt légal février 2011
Achevé d'imprimer par Graficas Estella en Espagne